TRAÇANDO O PERFIL PROFISSIONAL DO PEDAGOGO POR MEIO DOS DOCUMENTOS DA ANFOPE
ENRIQUECENDO O CAMPO DA PEDAGOGIA

Editora Appris Ltda.
1.ª Edição - Copyright© 2023 da autora
Direitos de Edição Reservados à Editora Appris Ltda.

Nenhuma parte desta obra poderá ser utilizada indevidamente, sem estar de acordo com a Lei nº
9.610/98. Se incorreções forem encontradas, serão de exclusiva responsabilidade de seus organi-
zadores. Foi realizado o Depósito Legal na Fundação Biblioteca Nacional, de acordo com as Leis nos
10.994, de 14/12/2004, e 12.192, de 14/01/2010.

Catalogação na Fonte
Elaborado por: Josefina A. S. Guedes
Bibliotecária CRB 9/870

Z941t
2023
	Zuchini, Ana Tereza Felix da Silva
	    Traçando o perfil profissional do pedagogo por meio dos documentos da ANFOPE : enriquecendo o campo da Pedagogia / Ana Tereza Felix da Silva Zuchini. – 1 ed. – Curitiba : Appris, 2023.
	    141 p. ; 21 cm. – (Educação tecnologias e transdisciplinaridade).
	
	    Inclui referências.
	    ISBN 978-65-250-5279-3
	
	    1. Pedagogos – Formação. 2. Currículo – Mudança. 3. Educação e Estado. I. Título.
	
	                         CDD – 370.71

Livro de acordo com a normalização técnica da ABNT

Appris editora

Editora e Livraria Appris Ltda.
Av. Manoel Ribas, 2265 – Mercês
Curitiba/PR – CEP: 80810-002
Tel. (41) 3156 - 4731
www.editoraappris.com.br

Printed in Brazil
Impresso no Brasil

Ana Tereza Felix da Silva Zuchini

TRAÇANDO O PERFIL PROFISSIONAL DO PEDAGOGO POR MEIO DOS DOCUMENTOS DA ANFOPE
ENRIQUECENDO O CAMPO DA PEDAGOGIA

FICHA TÉCNICA

EDITORIAL	Augusto V. de A. Coelho
	Sara C. de Andrade Coelho
COMITÊ EDITORIAL	Marli Caetano
	Andréa Barbosa Gouveia - UFPR
	Edmeire C. Pereira - UFPR
	Iraneide da Silva - UFC
	Jacques de Lima Ferreira - UP
SUPERVISOR DA PRODUÇÃO	Renata Cristina Lopes Miccelli
PRODUÇÃO EDITORIAL	Bruna Holmen
REVISÃO	Isabel Tomaselli Borba
DIAGRAMAÇÃO	Renata Cristina Lopes Miccelli
CAPA	Mateus Porfírio

COMITÊ CIENTÍFICO DA COLEÇÃO EDUCAÇÃO, TECNOLOGIAS E TRANSDISCIPLINARIDADE

DIREÇÃO CIENTÍFICA Dr.ª Marilda A. Behrens (PUCPR) — Dr.ª Patrícia L. Torres (PUCPR)

CONSULTORES

Dr.ª Ademilde Silveira Sartori (Udesc)

Dr. Ángel H. Facundo (Univ. Externado de Colômbia)

Dr.ª Ariana Maria de Almeida Matos Cosme (Universidade do Porto/Portugal)

Dr. Artieres Estevão Romeiro (Universidade Técnica Particular de Loja-Equador)

Dr. Bento Duarte da Silva (Universidade do Minho/Portugal)

Dr. Claudio Rama (Univ. de la Empresa-Uruguai)

Dr.ª Cristiane de Oliveira Busato Smith (Arizona State University /EUA)

Dr.ª Dulce Márcia Cruz (Ufsc)

Dr.ª Edméa Santos (Uerj)

Dr.ª Eliane Schlemmer (Unisinos)

Dr.ª Ercilia Maria Angeli Teixeira de Paula (UEM)

Dr.ª Evelise Maria Labatut Portilho (PUCPR)

Dr.ª Evelyn de Almeida Orlando (PUCPR)

Dr. Francisco Antonio Pereira Fialho (Ufsc)

Dr.ª Fabiane Oliveira (PUCPR)

Dr.ª Iara Cordeiro de Melo Franco (PUC Minas)

Dr. João Augusto Mattar Neto (PUC-SP)

Dr. José Manuel Moran Costas (Universidade Anhembi Morumbi)

Dr.ª Lúcia Amante (Univ. Aberta-Portugal)

Dr.ª Lucia Maria Martins Giraffa (PUCRS)

Dr. Marco Antonio da Silva (Uerj)

Dr.ª Maria Altina da Silva Ramos (Universidade do Minho-Portugal)

Dr.ª Maria Joana Mader Joaquim (HC-UFPR)

Dr. Reginaldo Rodrigues da Costa (PUCPR)

Dr. Ricardo Antunes de Sá (UFPR)

Dr.ª Romilda Teodora Ens (PUCPR)

Dr. Rui Trindade (Univ. do Porto-Portugal)

Dr.ª Sonia Ana Charchut Leszczynski (UTFPR)

Dr.ª Vani Moreira Kenski (USP)

*Dedico este livro ao meu pai, **João Felix da Silva** (in memoriam), com quem aprendi a amar os livros desde os tempos de infância, e à minha mãe, **Terezinha de Jesus Martins** (in memoriam), que sempre me incentivou a apostar em meus estudos.*

A vida me presenteou com os melhores guias, os mais amorosos protetores e os mais sábios conselheiros. Hoje, dedico estas palavras a vocês, que estão sempre presentes em meu coração, mesmo que não mais estejam entre nós fisicamente.

Vocês me ensinaram a importância do amor, da honestidade, da compaixão e da perseverança. Cada página deste livro é uma homenagem à sabedoria que vocês compartilharam comigo e ao amor que sempre senti emanando de seus corações.

Nossas memórias juntas são preciosas, e elas vivem por meio das histórias que contamos, das lições que aprendemos e dos valores que vocês incutiram em mim. Enquanto folheio estas páginas, sinto a sua presença, suas vozes sussurrando nas entrelinhas e seus sorrisos iluminando as palavras.

Este livro é dedicado a vocês, meus amados pais. Por meio dele, espero honrar a memória de vocês e compartilhar com o mundo o amor e a sabedoria que vocês me deram.

*Dedico ainda, ao meu esposo, **José Aiuton Zuchini**, e às minhas filhas, **Marcela Felix Garbim e Isabela Felix Zuchini**, que me incentivaram e apoiaram em mais esta etapa de minha vida. Aos meus irmãos, **Antônio João Jaques da Silva** (in memoriam), **José Domingos Martins, Hélio Benedito do Carmo Martins, Edson Felix da Silva, Adalgiza Felix da Silva Ferrari e Maria Cristina Felix da Silva**, que estiveram ao meu lado, compartilhando risos, lágrimas e sonhos. Cada página é um testemunho da nossa história compartilhada, das memórias que construímos e dos momentos que moldaram quem somos hoje.*

Dedico este livro a vocês como uma expressão de gratidão por cada conselho, por cada abraço reconfortante e por cada aventura que vivemos juntos. Nossa jornada como irmãos é uma bênção que valorizo profundamente.

Este livro é uma jornada que nunca teria sido a mesma sem cada um de vocês. É uma celebração da nossa conexão única, do apoio inabalável e dos laços que nos unem, não apenas como irmãos, mas como amigos para toda a vida.

Com gratidão eterna e amor infinito,
Ana Tereza Felix da Silva Zuchini.

AGRADECIMENTOS

Ao finalizar esta obra, sou impulsionada a agradecer primeiramente a **Deus**, meu Grande Pai, pelas vezes que me carregou nos braços, por alargar as minhas fronteiras, pela presença constante e por conceder-me sabedoria e forças nesta etapa da vida, por possibilitar a materialização deste sonho.

O maior ensinamento que pude extrair desta construção é que não é possível trilhar este caminho sem a cooperação de muitos outros sujeitos. Nessa caminhada, contei com a colaboração de muitas pessoas, para quem deixo nesta página um pouco da minha eterna gratidão.

Agradeço ao meu esposo, **José Aiuton Zuchini**, companheiro de jornada, pelo apoio, compreensão, incentivo e pelos esforços empreendidos para que esta obra fosse construída por mim da melhor maneira possível.

Às minhas filhas, **Marcela** e **Isabela**, pela compreensão da minha ausência e por aceitarem a minha presença "invisível" devido à montanha de atividades de estudo e pesquisa que exigiam de mim dedicação solitária. Amo vocês!

Aos meus pais, **João Felix da Silva** e **Terezinha de Jesus Martins** (*in memoriam*), que se sentiriam muito orgulhosos, se aqui estivessem...

Aos meus irmãos, **Antônio João** (*in memoriam*), **José Domingos**, **Hélio Benedito**, **Edson**, **Adalgiza** e **Maria Cristina**, que torceram por mim e acreditaram em meu potencial. Devo a vocês mais esta conquista. Vocês sempre acreditaram em mim, me apoiaram, lutaram comigo. Eu não teria conseguido sem vocês.

À minha orientadora de mestrado, Prof.ª Dr.ª **Ozerina Victor de Oliveira**, pelo espírito de colaboração, apoio, incentivo, e dedicação concedida durante todo o processo de construção de estudo e pesquisa.

E aos **colegas do Grupo de Pesquisa Políticas Contemporâneas de Currículo e Formação Docente**, pelas contribuições teóricas, sugestões e carinho com que acompanharam minha trajetória de construção desta obra.

À **Capes**, pela bolsa de pesquisa que possibilitou condições financeiras para dedicação aos trabalhos investigativos. E aos demais **amigos, colegas pedagogos** e **acadêmicos do curso de Pedagogia** que, na trajetória da vida profissional, estabeleceram relações de trocas e experiências, contribuindo para o fortalecimento do meu fazer e ser pedagoga e, assim, (re)construir minha identidade profissional.

A minha sincera gratidão à prefaciadora **Serlene Ana De Carli**, por seu valioso e perspicaz prefácio. Sua contribuição a este trabalho é uma demonstração de sua generosidade e conhecimento, e estou profundamente honrada por sua disposição em oferecer insights e perspectivas enriquecedoras. Sua habilidade em captar os aspectos essenciais desta obra e compartilhar seu julgamento crítico é inestimável. Agradeço por sua dedicação e apoio, que enriqueceram e deram maior significado a este projeto.

Por fim, agradeço a **todos** que contribuíram direta ou indiretamente para que esta obra se efetivasse.

[...] evidentemente, para nós, a reformulação do currículo não pode ser algo feito, elaborado, pensado por uma dúzia de iluminados cujos resultados finais são encaminhados em forma de "pacote" para serem executados de acordo ainda com as instruções e guias igualmente elaborados pelos iluminados. A reformulação do currículo é sempre um processo político-pedagógico e, para nós, substantivamente democrático.

(Paulo Freire)

APRESENTAÇÃO

Caros leitores,

É com grande satisfação que apresentamos a vocês este livro, intitulado *Traçando o perfil profissional do pedagogo por meio dos documentos da ANFOPE: enriquecendo o campo da Pedagogia*. Esta obra representa o resultado de uma jornada de pesquisa, reflexão e dedicação ao campo da Pedagogia, e tem como objetivo principal oferecer uma visão aprofundada sobre o perfil profissional do pedagogo, com base nos documentos da Associação Nacional pela Formação dos Profissionais da Educação (ANFOPE).

A Pedagogia é uma área de conhecimento essencial para o desenvolvimento da sociedade. Ela desempenha um papel fundamental na formação de cidadãos críticos, conscientes e preparados para os desafios do mundo contemporâneo. No entanto, a compreensão do perfil do pedagogo, suas competências e responsabilidades, está em constante evolução. É nesse contexto que esta obra se insere.

Neste livro, você encontrará uma análise minuciosa dos documentos produzidos pela ANFOPE, uma das mais importantes entidades dedicadas à formação dos profissionais da educação no Brasil. A partir de uma abordagem crítica e fundamentada, exploramos as contribuições desses documentos para o campo da Pedagogia, discutindo temas como a formação do pedagogo, sua atuação em diferentes contextos educacionais e sua importância na promoção de uma educação de qualidade.

Além disso, este livro oferece uma visão panorâmica das tendências atuais e futuras no campo da Pedagogia, destacando as demandas emergentes para os pedagogos e as oportunidades de desenvolvimento profissional. Nossa intenção é fornecer informações valiosas não apenas para os profissionais da área, mas também para estudantes, pesquisadores e todos os interessados na educação.

Agradecemos a todos os colaboradores e pesquisadores que contribuíram para a realização deste trabalho. Esperamos que este livro seja uma fonte de inspiração e conhecimento, e que suas reflexões contribuam para o contínuo aprimoramento da educação em nosso país.

Boa leitura!

Ana Tereza Felix da Silva Zuchini

Mestre em Educação

PREFÁCIO

Foi com grande satisfação que recebi o convite da estimada Ana Tereza para prefaciar esta obra.

Na década de 1990, tive o privilégio de vivenciar uma ampla gama de experiências enriquecedoras na função de coordenadora pedagógica ao lado da autora junto à Secretaria Municipal de Educação no município de Lucas do Rio Verde-MT.

Ao analisar o trabalho da Ana Tereza, deparei-me com seu notável potencial investigativo no campo da educação, particularmente em relação ao currículo do curso de Pedagogia. Sua pesquisa e abordagem demonstram uma profunda compreensão das complexidades e desafios inerentes ao desenvolvimento curricular, bem como uma visão perspicaz das necessidades em constante evolução dos estudantes e do sistema educacional. É evidente que a autora é apaixonada por aprimorar a qualidade do ensino, e sua capacidade de investigar, questionar e inovar é um recurso inestimável para o avanço do campo educacional.

Ao mergulharmos nas páginas deste livro, somos convidados a explorar as nuances e os desafios do campo da Pedagogia através de uma lente única e profunda. *Traçando o perfil profissional do pedagogo por meio dos documentos da ANFOPE: enriquecendo o campo da Pedagogia* é uma obra que não apenas enriquece o conhecimento existente, mas também lança luz sobre o papel essencial do pedagogo na construção de uma educação significativa e transformadora.

A ANFOPE é um espaço de incansável luta pela construção de uma pedagogia que atende de forma integral às necessidades educacionais da sociedade brasileira. Mediante seu compromisso e dedicação incansável, a ANFOPE desempenha um papel fundamental na promoção de práticas pedagógicas inovadoras, na capacitação de educadores e na busca constante por soluções que garantam uma educação de qualidade para todos. Essa organização é um farol, iluminando o caminho para uma educação mais inclusiva, equitativa e transformadora no Brasil, e sua perseverança inspira e fortalece aqueles que compartilham da visão de um sistema educacional mais justo e eficaz.

A autora, com dedicação e maestria, conduz o leitor por uma jornada intelectual enriquecedora. Ao examinar os documentos da ANFOPE com um olhar crítico e analítico, ela desvenda as complexidades da formação do pedagogo, as diretrizes educacionais e as tendências que moldam o campo da Pedagogia nos dias atuais. Por meio dessa exploração cuidadosa, somos guiados por uma reflexão profunda sobre como os pedagogos podem atender os desafios educacionais da atualidade.

Este livro não é apenas uma compilação de fatos e análises, mas sim uma obra que transcende o acadêmico e se conecta ao coração daqueles que têm uma paixão pela educação. A autora não apenas esclarece os aspectos técnicos da profissão do pedagogo, mas também destaca a importância da empatia, da criatividade e do compromisso com o aprendizado ao longo da vida.

Ao compartilhar suas descobertas, a autora nos convida a reexaminar nossa própria compreensão do que significa ser um pedagogo comprometido e capacitado. Cada capítulo é um convite para o diálogo, a reflexão e a ação, incentivando os leitores envolvidos com a educação a considerar como podem contribuir para a evolução constante da educação em nossa sociedade.

Que este livro seja uma fonte de inspiração para educadores, pesquisadores, estudantes e todos aqueles que têm interesse no futuro da Pedagogia. Que ele seja o ponto de partida para discussões aprofundadas, inovação educacional e, acima de tudo, a busca contínua por uma educação que promova o desenvolvimento pleno de cada indivíduo.

Ao adentrar as páginas que se seguem, esteja preparado não apenas para absorver conhecimento, mas também para ser instigado a questionar, a explorar e a contribuir para a construção de uma Pedagogia cada vez mais resiliente e compassiva.

Serlene Ana De Carli

Pedagoga e geógrafa pela Universidade Federal da Paraíba
Mestre em Geografia pela Universidade Federal de Mato Grosso

LISTA DE SIGLAS

Ande	Associação Nacional de Educação
ANFOPE	Associação Nacional pela Formação dos Profissionais da Educação
Anpae	Associação Nacional de Política e Administração da Educação
ANPED	Associação Nacional de Pós-graduação e Pesquisa em Educação
BCN	Base Comum Nacional
BDTD	Biblioteca Digital de Teses e Dissertações
Capes	Coordenação de Aperfeiçoamento de Pessoal de Nível Superior
Cedes	Centro de Estudos Educação e Sociedade
Cefet	Centro Federal de Educação Tecnológica
CF	Constituição Federal
CNE	Conselho Nacional de Educação
CNPQ	Conselho Nacional de Desenvolvimento Científico e Tecnológico
CNTE	Confederação Nacional dos Trabalhadores da Educação
Conarcfe	Comissão Nacional de Reformulação dos Cursos de Formação de Educadores
Consed	Conselho Nacional de Secretários de Educação
DCNs	Diretrizes Curriculares Nacionais
DCNP	Diretrizes Curriculares Nacionais para o Curso de Pedagogia
EUA	Estados Unidos da América
Fenase	Federação Nacional dos Supervisores Educacionais
Fenoe	Federação Nacional dos Orientadores Educacionais
FNE	Fórum Nacional de Educação
Furg	Fundação Universidade Federal do Rio Grande
Ifes	Instituto Federal do Espírito Santo

Ifpa	Instituto Federal do Pará
Inep	Instituto Nacional de Estudos e Pesquisas
IRHJP	Instituto de Recursos Humanos João Pinheiro
ISE	Institutos Superiores de Educação
LDB	Lei de Diretrizes e Bases da Educação Nacional
MEC	Ministério da Educação e Cultura
PNE	Plano Nacional de educação
PUC	Pontifícia Universidade Católica
Rides	Rede Interinstitucional de Desenvolvimento da Educação Superior
Sase	Secretaria de Articulação com os Sistemas de Ensino
SBF	Sociedade Brasileira de Física
SBPC	Sociedade Brasileira para o Progresso da Ciência
Seduc/ES	Secretaria do Estado do Espírito Santo
Sesu	Secretaria de Ensino Superior
SME-DF	Secretaria Municipal do Distrito Federal
UCDB	Universidade Católica Dom Bosco
UCG	Universidade Católica de Goiás
Udesc	Universidade do Estado de Santa Catarina
UEA	Universidades do Estado do Amazonas
Uece	Universidade Estadual do Ceará
Uefs/BA	Universidade Estadual de Feira de Santana
UEG	Universidade Estadual de Goiás
UEL	Universidade Estadual de Londrina
UEMG	Universidade do Estado de Minas Gerais
Uepa	Universidade Estadual do Pará
UEM	Universidade Estadual de Maringá
UEPB	Universidade Estadual da Paraíba

Uerj	Universidade Estadual do Rio de Janeiro
UERR	Universidade Estadual de Roraima
Ufac	Universidade Federal do Acre
Ufam	Universidade Federal do Amazonas
Ufes	Universidade Federal do Espírito Santo
UFF	Universidade Federal Fluminense
UFFS	Universidade Federal da Fronteira Sul
Ufma	Universidade Federal do Maranhão
UFMG	Universidade Federal de Minas Gerais
UFMS	Universidade Federal do Mato Grosso do Sul
UFMT	Universidade Federal de Mato Grosso
Ufopa	Universidade Federal do Oeste do Pará
Ufpa	Universidade Federal do Pará
UFPE	Universidade Federal de Pernambuco
UFPB	Universidade Federal da Paraíba
Ufpi	Universidade Federal do Piauí
UFRGS	Universidade Federal do Rio Grande do Sul
UFRJ	Universidade Feral do Rio de Janeiro
UFRRJ	Universidade Federal Rural do Rio de Janeiro
Ufsc	Universidade Federal de Santa Catarina
UFU	Universidade Federal de Uberlândia
UNB	Universidade de Brasília
Undime	União Nacional dos Dirigentes Municipais de Educação
Uneb	Universidade do Estado da Bahia
Unesco	Organização das Nações Unidas para a Educação, a Ciência e a Cultura
Unicamp	Universidade Estadual de Campinas
Unicef	Fundo das Nações Unidas para a Infância

Unijuí	Universidade Regional do Noroeste do Estado do Rio Grande do Sul
Unilab	Universidade da Integração Internacional da Lusofonia Afro-Brasileira
Unioesc	Universidade do Oeste de Santa Catarina
Unioeste	Universidade Estadual do Oeste do Paraná
Unipac	Universidade Presidente Antônio Carlos
Unisantos	Universidade Católica de Santos
Uniube	Universidade de Uberaba
Unoeste	Universidade do Oeste Paulista
USP	Universidade de São Paulo

SUMÁRIO

INTRODUÇÃO 23

1
OS CAMINHOS TRILHADOS: ESTRATÉGIAS E
PROCEDIMENTOS METODOLÓGICOS DA PESQUISA 31
1.1 OBJETO DE ESTUDO: CONTEXTO E DELIMITAÇÃO 32
1.2 PERCURSO METODOLÓGICO 36

2
POLÍTICAS EDUCACIONAIS E O CAMPO DE PEDAGOGIA 49
2.1 UM BREVE HISTÓRICO DO CURSO DE PEDAGOGIA 50
2.2 O MOVIMENTO DA ANFOPE NO ÂMBITO DAS REFORMAS
CURRICULARES DO CURSO DE PEDAGOGIA 56
2.3 COMPREENDENDO O PERFIL PROFISSIONAL DO PEDAGOGO 65
2.4 POLÍTICAS CURRICULARES PARA O CURSO DE PEDAGOGIA
E FORMAÇÃO DO PEDAGOGO 79

3
DESAFIOS DO PEDAGOGO FRENTE ÀS DEMANDAS
EDUCACIONAIS CONTEMPORÂNEAS 87
3.1 ATUAÇÃO DO PEDAGOGO E SABERES NECESSÁRIOS 88

4
ANÁLISE DOS DOCUMENTOS EVIDENCIANDO O PERFIL DO
PEDAGOGO DELINEADO PELA ANFOPE 99

À GUISA DE ALGUMAS CONSIDERAÇÕES........................... 123

REFERÊNCIAS 129

INTRODUÇÃO

Todavia construir um objeto científico é, antes de mais nada e sobretudo, romper com o senso comum, quer dizer, com representações partilhadas por todos, quer se trate dos simples lugares comuns da existência vulgar, quer se trate das representações oficiais, frequentemente inscritas nas instituições, logo, ao mesmo tempo, na objetividade das organizações sociais e nos cérebros. O pré-construído está em toda parte.

(BOURDIEU, 1989, p. 34).

A década de 1990 foi marcada por intensas reformas nas políticas de currículo no Brasil, implicando grandes debates e embates, mobilizando professores, estudantes, gestores, entidades acadêmicas educacionais e as esferas governamentais, no movimento de reformulação curricular dos cursos de formação de professores da educação básica, em especial em torno da reformulação do curso de Pedagogia.

Nesse cenário, novos desafios são instaurados. As novas demandas da estrutura social vigente, marcada pela rápida produção do conhecimento, pela disseminação da informação e pelo domínio da tecnologia, têm exigido um perfil docente que atenda às necessidades da formação humana, sobretudo os pedagogos, que são os profissionais diretamente ligados ao processo de disseminação das práticas pedagógicas do conhecimento. Esses desafios e questões, típicos da sociedade contemporânea, têm gerado demandas em termos de pesquisas e estudos voltados para o perfil profissional do pedagogo, exigindo que se participe desse debate com uma postura crítica em relação à concepção de qualidade em educação, considerando, fundamentalmente, que este é um dos desafios da educação superior frente às exigências da sociedade contemporânea.

Diante dessa presunção, compreende-se que é imprescindível uma formação pedagógica voltada para a realidade, comprometida com as questões sociais, que colabore para as transformações necessárias; portanto, é preciso abordar as questões referentes ao campo de estudo da Pedagogia, ao perfil profissional e ao sistema de formação de pedagogos. No que tange à formação de professores no Brasil, na década de 1990, Freitas (2002, p. 138) aponta dois movimentos que ele considera contraditórios:

> [...] o movimento dos educadores e sua trajetória em prol da reformulação dos cursos de formação dos profissionais da educação e o processo de definição das políticas públicas no campo da educação, em particular, da formação de professores [...].

Para a autora, o movimento docente construiu sua trajetória com a colaboração de muitos educadores e suas entidades organizativas que, desde o final dos anos 70 do século 20, defendiam uma formação de professores vinculada à "[...] concepção da forma de organização da escola, às grandes questões sociais e ao movimento de trabalhadores pela construção de uma nova sociedade, justa, democrática e igualitária [...]" (FREITAS, 2002, p. 138), sendo ainda discutidas propostas alternativas para superação do modelo tecnicista existente na época.

No Brasil, a pesquisa sobre políticas educacionais vem se configurando como um campo distinto de investigação e em permanente busca de consolidação. Dessa forma, pode-se concluir que a formação de profissionais da educação é uma temática que tem sido tratada pela literatura educacional com os mais diferentes objetivos e sob variados ângulos e critérios. Partindo destes pressupostos, consideramos relevante discutir sobre o perfil profissional delineado pela Associação Nacional pela Formação dos Profissionais da Educação (ANFOPE).

É importante destacar que o movimento de educadores, inicialmente constituído como Comitê em 2/4/1980 e transformado em Comissão em 25/11/1983, configurou-se a ANFOPE, em 26/7/1990. Desde então, a Associação trava em seu quotidiano a luta em defesa da educação pública, laica e gratuita em todos os níveis de ensino. Ela passou a defender a qualidade de formação inicial e continuada dos profissionais da educação, bem como a valorização social e econômica, mediante condições de trabalho e salários dignos, com elaboração de plano de carreira e piso salarial nacional. A ANFOPE, como integrante do Sistema Nacional de Educação, impulsionou para a organização de um Sistema Nacional de Formação e de Valorização dos Profissionais da Educação.

A Associação vem contribuindo com essa discussão, construindo coletivamente uma concepção sócio-histórica de educador em contraposição ao caráter tecnicista e conteudista que caracterizavam as políticas de formação de professores para a escola básica no Brasil. Este movimento representou um marco significativo na institucionalização das reformas educativas requeridas pelo processo de reforma do Estado em andamento no país. No centro destas reformas, coloca-se estrategicamente a questão da formação dos profissionais da educação. Por essa razão, definimos o recorte temporal desta investigação da década de 90 aos dias atuais.

A origem das preocupações com este objeto de estudo, ainda que de maneira embrionária, remonta ao período da formação acadêmica em Pedagogia na década de 90. Dessa forma, muito do que se apresenta aqui foi construído com base em minha relação como pesquisadora com o curso. Todavia, é preciso admitir que essa relação fora mediada por muitas outras que ocorreram, enquanto estudante e profissional.

A nossa jornada, que abrange os papéis de estudante, docente e pesquisadora no ensino superior, tem uma ligação profunda com o curso de Pedagogia. De fato, ao longo do tempo, diversas motivações surgiram, influenciadas pelas diferentes fases da nossa carreira e pelas oportunidades de estudo e debate relacionadas à formação de educadores no nosso país. Especificamente, nossa paixão por estudos relacionados ao perfil profissional do pedagogo foi intensificada quando começamos a lecionar a disciplina de Currículos e Programas no curso de licenciatura em Pedagogia em uma instituição de ensino superior privada. Nossas ideias e comprometimento ganharam ainda mais consistência durante as discussões no grupo de pesquisa sobre Políticas Contemporâneas de Currículo e Formação Docente, e continuaram a se fortalecer por meio dos debates ao longo do curso de mestrado.

Em face dessas questões, bem como das inquietações surgidas durante a trajetória acadêmica e profissional, sinalizando para a necessidade de entender melhor o perfil profissional do pedagogo, delineado a partir das concepções formuladas nos documentos da Associação, este estudo se justifica pela necessidade de uma melhor compreensão do campo da Pedagogia. Reconhecendo a discussão do referido campo como uma temática bastante ampla, focalizamos, nesta investigação, o perfil de pedagogo construído pela ANFOPE no contexto da reforma.

Nessa perspectiva, desenvolvemos um estudo em que procuramos a compreensão do movimento da ANFOPE na sua trajetória de delineamento do perfil do pedagogo. Desse modo, o objetivo principal desta pesquisa consiste em analisar, com base em documentos produzidos em encontros nacionais, a formulação e explicitação de qual o posicionamento desta entidade em relação a esse perfil profissional do pedagogo.

Para o percurso metodológico, optou-se pela pesquisa bibliográfica, "[...] desenvolvida a partir de material já elaborado, constituído, principalmente, de livros, e artigos científicos [...]" (GIL, 1991, p. 48) e pesquisa documental, realizada com "[...] intuito de recolher informações sobre o campo de interesse [...]", ou seja, sobre o perfil de pedagogo delineado pela ANFOPE (MARCONI; LAKATOS, 2002, p. 62) Neste, "[...] os documentos, escritos, são fontes primárias de pesquisa e que também darão uma base sólida[...]" (CELLARD, 2008, p. 295). A pesquisa documental foi consubstanciada por relatórios e documentos finais dos encontros da ANFOPE.

Nas decisões metodológicas, recorremos ainda à abordagem do ciclo de políticas que compreende o processo da política como um movimento contínuo, no qual as políticas são criadas e ressignificadas em diferentes contextos, a saber, o contexto de influência, o de produção do texto e o da prática, todos ligados e interrelacionados, não se constituindo etapas lineares ou hierárquicas (MAINARDES; MARCONDES, 2009, p. 304). A abordagem do ciclo de política permite compreender a política como texto e como discurso, na busca de superar a dicotomia entre sua produção e sua execução (MAINARDES, 2006).

Estruturalmente, o trabalho foi organizado em quatro capítulos. No **primeiro**, apresenta-se o problema da pesquisa, os objetivos, a justificativa, o percurso, ou seja, o caminho percorrido para delimitação do objeto de estudo. Ainda nesse capítulo, destacam-se as diferentes perspectivas que discutem questões relacionadas ao campo de formação do pedagogo, nas quais se consubstanciaram os históricos dissensos em relação ao curso e que caracterizaram diferentes perfis profissionais.

Nessa arena, apresenta-se o posicionamento defendido pelo poder instituído por meio do Estado, que declarava uma concepção contraditória daquela que aqui defendemos, pois indicavam para o curso de Pedagogia a condição de um bacharelado profissionalizante, destinado a formar os especialistas em gestão administrativa e coordenação pedagógica para os sistemas de ensino.

Na referida parte do livro, evidencia-se, ainda, o ponto de vista de pesquisadores que apresentam divergências teóricas e diferentes posições ideológicas em contraposição ao da ANFOPE. Entretanto, os estudos desses autores, tais como Libâneo (1996, 2006) e Saviani (1976, 1980, 2005), contribuíram muito para caracterizar a formação de professores, palco em que se insere a história do curso de Pedagogia no Brasil. No entanto, são tomados como referência outros pesquisadores que, em seus livros e artigos, refazem a trajetória do curso, analisando as mudanças legais, os decretos e pareceres que foram configurando o perfil do pedagogo. Para a ANFOPE, a proposta de formação de professores deve ocorrer dentro de uma perspectiva crítica com conexão teórico-prática, tendo como embasamento a concepção sócio-histórica.

A concepção de formação defendida pela ANFOPE compreende a formação inicial e continuada, com ações estratégicas que visem ir além de atender à conjuntura sociopolítica, econômica e educacional brasileira, mas, também, que atenda às necessidades educacionais por meio do domínio teórico-prático de conhecimentos imprescindíveis à vivência no mundo contemporâneo. Seguindo esse mesmo viés, este estudo se pautou na compreensão de que a docência constitui a base de formação do curso de Pedagogia, defendida pela Associação, focalizando o perfil profissional do pedagogo a partir de pesquisas desenvolvidas por Silva (2006), Cambi (1999), Brzezinski (1996), Pimenta (1996), Nóvoa (1996), Beraldo e Oliveira (2010), entre outros, na busca por uma melhor compreensão do campo da Pedagogia.

O **segundo capítulo** versa sobre o percurso histórico do curso de Pedagogia, discutimos as implicações e os desafios para o currículo do referido curso, a partir das contribuições dos autores que destacam, na política de redefinição do curso de Pedagogia, não somente os aspectos teórico-metodológicos da organização curricular, mas, também, as considerações sobre o perfil que se configurou a partir do movimento da ANFOPE para o profissional de Pedagogia. Apresentamos, também, algumas considerações sobre as pesquisas que abordam a política de formação docente no Brasil e as pesquisas que discorrem sobre as reformulações curriculares, bem como os aspectos teórico-metodológicos que embasaram o surgimento dessa política. A escrita desse capítulo encontra-se pautada em estudos de Ball (1994), Lopes (2004), Oliveira (2009), Franco, Libâneo e Pimenta (2007), Veiga (2006), Brzezinski (2009, 2011), Mazzotti (1996), Saviani (2011) e Libâneo (2001). Considerou-se, ainda, os documentos da ANFOPE, os pareceres, resoluções e leis disponibilizadas pelo Ministério da Educação e Cultura (MEC).

O **terceiro capítulo** discorre sobre os desafios do pedagogo frente às demandas educacionais contemporâneas, a atuação desse profissional e os saberes necessários como ferramentas para que uma prática educativa de cunho crítico e reflexivo contribua para as mudanças necessárias no campo educacional e social nesta sociedade dinâmica. Discutimos a atuação desse profissional na conjuntura atual, e os saberes necessários para exercer sua profissão de maneira profícua, tendo em vista que seu perfil precisa ser fortalecido, por meio da valorização profissional, da formação inicial e continuada, de forma que transcenda as capacidades necessárias para mediar os conhecimentos e os saberes na escola. Evidenciando que a formação deve possibilitar uma visão de mundo, de sociedade, de educação e de homem, para além dos modelos impostos pelo capitalismo, para que o pedagogo se torne um intelectual transformador, nos espaços ocupados por ele. Tratamos de questões relacionadas ao campo de atuação do pedagogo, pois esse profissional, além de atuar na docência, na gestão escolar, no campo científico e investigativo, na produção do conhecimento na área educacional, pode atuar em outros espaços não escolares que demandam por profissionais comprometidos com a formação humana.

Em seguida, no **quarto capítulo,** apresentamos a análise dos documentos produzidos pela ANFOPE, destacando o perfil de pedagogo engendrado nesses documentos e as implicações dessas concepções na definição do currículo do curso de Pedagogia. Ao final, evidenciamos algumas considerações a partir dos dados da pesquisa, destacando a política curricular do curso de Pedagogia defendida pela ANFOPE como fator de contribuição para o processo de construção do perfil profissional do pedagogo.

Pretendemos, com este trabalho, contribuir para o estudo e pesquisa sobre a formação do pedagogo. Esperamos, com esta pesquisa, contribuir para o aprofundamento deste tema, ao mesmo tempo em que almejamos que os estudos, pesquisas e debates sobre este prossigam, para que se possa encontrar caminhos e percursos para a construção de um projeto que conduza à formação de um perfil de pedagogos qualificados, capazes de atuar na integralidade do processo educacional, assumindo o compromisso com uma educação comprometida com a formação da cidadania, por meio de uma educação, fundamentada na igualdade de direitos e oportunidades para todos.

1

OS CAMINHOS TRILHADOS: ESTRATÉGIAS E PROCEDIMENTOS METODOLÓGICOS DA PESQUISA

O curso de pedagogia, no percurso de sua existência, talvez pela própria amplitude da área que o denomina, foi se amoldando aos interesses hegemônicos dos projetos educativos vigentes. A opção histórica que faz sentido configurar neste momento é aquela que resulta de um trabalho de mediação que não apenas contemple uma discussão conceitual, mas também a complexidade histórica do curso, e o seu papel no encaminhamento das questões educacionais.

(SCHEIBE; AGUIAR, 1999, p. 236).

Este capítulo apresenta o problema da pesquisa, os objetivos, a justificativa e o percurso, ou seja, o caminho percorrido para delimitar o objeto de estudo. A pesquisa apresenta diferentes perspectivas que discutem questões relacionadas ao campo de formação do pedagogo, nas quais se consubstanciaram os históricos dissensos em relação ao curso e que caracterizaram diferentes perfis profissionais. Nessa arena, apresenta-se posições divergentes entre diferentes teóricos dentro do campo de investigação, sobre o conceito de Pedagogia e a formação do pedagogo, entre eles, Libâneo (2001), Pimenta (1996), Saviani (2007), que se posicionaram contrariamente à defesa da docência como base na formação do pedagogo, trazendo uma concepção de docência restrita à sala de aula. Por outro lado, o posicionamento da ANFOPE defende que a docência se constitui como base da identidade profissional de todo educador. Dessa forma, a ANFOPE concebe a docência num sentido amplo que permite a formação de um pedagogo capaz de ser

"[...] simultaneamente um pesquisador e um técnico, professor articulador/gestor de conhecimentos/relações sociais considerando as diversas funções e práticas pedagógicas escolares ou não escolares existentes [...]" (VIEIRA, 2011, p. 133).

Neste estudo, procuramos utilizar as contribuições de vários teóricos que abarcam uma discussão não somente conceitual, mas também tratam da complexidade histórica do curso e seu papel no encaminhamento das questões educacionais. Evidenciamos a sustentação teórica que balizará todo o trabalho numa perspectiva pautada na compreensão de que a docência constitui a base de formação do curso de Pedagogia, também constituída e defendida pelo amplo movimento coordenado pela ANFOPE, objetivando compreender como se constituiu o perfil profissional do pedagogo, alicerçado em Silva (2006), Cambi (1999), Brzezinski (1996), Dias (2009), Freitas (1999), Nóvoa (1996) e Beraldo e Oliveira (2010), entre outros, na busca por uma melhor compreensão do campo da Pedagogia.

1.1 OBJETO DE ESTUDO: CONTEXTO E DELIMITAÇÃO

As reformas educacionais brasileiras, empreendidas a partir dos anos de 1990, tiveram como foco a reconfiguração da formação docente, do trabalho dos professores e da gestão dos sistemas escolares, colocando novos desafios para os pesquisadores em educação. Enfatizamos que a história da Pedagogia no Brasil apresenta diferentes tendências teóricas e metodológicas, expressando diversas concepções de pedagogo, em diferentes momentos sociais e contextos políticos. Assim, considerando a problemática da presente obra, é fundamental recuperar elementos da sua constituição no Brasil para podermos contextualizar os questionamentos atuais da formação do pedagogo. Interessa, a esta sessão, evidenciar a importância deste estudo, tendo em vista que no âmbito educacional os estudos sobre o perfil profissional do pedagogo e especialmente os estudos voltados para compreensão do perfil de Pedagogia delineado pela ANFOPE ainda não foram sistematizados ou ainda não foram suficientemente difundidos, conforme notadamente descritos no item 1.2 deste livro.

Este mapeamento nos ajudou a identificar que, enquanto a identidade do referido curso tem sido, com frequência, objeto da atenção dos pesquisadores, ainda carecemos de investigações que nos permitam melhor compreender o campo da Pedagogia, sua especificidade e a complexidade envolvidas para sua redefinição. Além disso, foi possível evidenciar que "o curso de Pedagogia, no percurso de sua existência, possivelmente pela amplitude da área que o denomina, foi se amoldando aos interesses hegemônicos dos próprios projetos educativos vigentes" (SCHEIBE; DURLI, 2011, p. 80). Sob esses interesses, há uma intrincada rede de relações de forças, posturas políticas, práticas e concepções que transitam de forma encoberta.

Muito embora a ANFOPE tenha atuado na produção de políticas curriculares tendo a docência entendida como trabalho pedagógico tanto na formação inicial quanto continuada em todos os cursos de licenciaturas, o objeto recorte deste estudo se refere apenas ao perfil profissional do pedagogo, constituído a partir da trajetória do movimento da ANFOPE. Insistimos na necessidade de situarmos nossas reflexões sobre a concepção de educador engendrada pela ANFOPE, que definiu o perfil profissional do pedagogo. O propósito aqui foi o de tentar entender como se constituiu o perfil profissional do pedagogo, desvelando um pouco de seu significado e, dentro do possível, descobrir alguns caminhos que, se não podem ser tidos como panaceias, podem diminuir o grau de ansiedade hoje acumulado, principalmente pelos pedagogos, e até mesmo gerar formas produtivas de lidar com esta complexa realidade.

A ANFOPE desempenhou no Brasil, no final do século 20, o papel de reorganização dos educadores em núcleos de resistência e de crítica ao poder constituído, impedidor da democratização da educação. A luta dessa associação articulava uma mobilização coletiva, capaz de "desenvolver mecanismos que permitissem uma tomada de consciência dos educadores e da sociedade em geral, a respeito da importância das políticas educacionais e da valorização social dos profissionais da educação" (BRZEZINSKI, 1996, p. 95). Nesse contexto, a ANFOPE vem contribuindo, desde antes da década de 1990, com as discussões sobre a reformulação dos cursos de formação de educadores. A partir da referida década, realizou-

-se muitas discussões, construindo coletivamente uma concepção sócio-histórica do educador em contraposição ao caráter tecnicista e conteudista que caracterizou as políticas de formação de professores para a escola básica no Brasil (ANFOPE, 2014).

Os trabalhos realizados por essa entidade, ao longo de sua trajetória, foram desenvolvidos no campo das reformas curriculares para a formação docente. Muitos de seus documentos são, notadamente, de grande interesse para os estudos do campo do currículo. De acordo com nossas leituras, essa contribuição já é presente em seus primeiros documentos, desde a década de 90, tendo como bandeira de luta a concepção de docência como base da formação profissional, em oposição à concepção de currículo mínimo e à resistência às políticas de aligeiramento e degradação da formação e da profissão do magistério (ANFOPE, 2001).

A ANFOPE faz parte do conjunto de movimentos ou coletivos acadêmicos constituidos a partir dos debates sobre a reformulação dos cursos de formação de professores. Ela foi a principal responsável pelas propostas de reorganização curricular do curso de Pedagogia, na década de 90, ao propor um perfil profissional para o pedagogo.

Nos movimentos desencadeados por essa Associação no transcorrer de várias décadas, foram registrados momentos de lutas e conquistas que contribuíram para ressignificar a profissão e constituíram o perfil profissional do pedagogo. Dessa forma, efetivaram-se mobilizações, embates e manifestações em encontros, reuniões e conferências para a proposição de uma formação confrontadora às orientações instituídas, consubstanciando-se no Movimento Nacional dos Educadores, com vistas a repensar a realidade social e educacional, na perspectiva de sua transformação.

Esse movimento produziu resultados, como explica Silva (2006, p. 74):

> Nas marchas e contramarchas do movimento, as inúmeras alternativas em conflito - tanto em termo dos profissionais a ser formados quanto da estrutura do curso para formá-los - levaram ao esgotamento

das possibilidades de encontrar-se a identificação do pedagogo pela via das atividades profissionais em função do mercado de trabalho real e mesmo potencial. Foi se instalando, então, a consciência de que faltava um elemento fundamental para o equacionamento do problema. Passou-se a perceber a relação do que se discutia sobre a estruturação do curso com a questão pedagógica como campo do conhecimento e de investigação. Então em outros termos, o que se percebia era que a explicitação das questões referentes à dimensão teórico-episte-mológica da pedagogia poderia oferecer elementos para aclarar as discussões no que concerne à sua dimensão prático-institucional, para nortear, então, a definição de identidade do pedagogo bem como a construção de uma estrutura curricular compatível com as necessidades de sua formação.

A partir dessa abrangente perspectiva, a ANFOPE iniciou a elaboração de uma proposta para a estrutura curricular do curso de Pedagogia, que, por conseguinte, delinearia o perfil do pedagogo idealizado pelos educadores envolvidos no processo. Como resultado, a Associação continua a desempenhar um papel ativo na atualidade, promovendo encontros nacionais bianuais e seminários regulares. Os documentos gerados nesses eventos são amplamente reconhecidos como fontes fundamentais para a definição do perfil do pedagogo e para a própria identidade do curso de Pedagogia.

Nesse sentido, para compreender a influência da ANFOPE na formulação do perfil profissional do pedagogo, é crucial questionar: como se deram os movimentos de organização e como se desenvol-veu a compreensão em torno da definição desse perfil profissional?

Considerando que, no campo educacional, há necessidade de ampliar o debate sobre esta temática, o propósito deste estudo foi buscar resposta para a seguinte indagação central: qual é o perfil de pedagogo que vem sendo defendido pela ANFOPE ao longo deste processo histórico?

1.2 PERCURSO METODOLÓGICO

A fundamentação metodológica e o desenvolvimento desta pesquisa se desdobraram em momentos distintos: o primeiro constituiu na leitura e reflexão de fontes secundárias publicadas sobre a temática investigada, focalizando o curso de Pedagogia na tentativa de apreender o significado da mobilização dos educadores em defesa da redefinição da estrutura e as funções atribuídas ao pedagogo, envolvendo questões que discutem o processo de construção e definição do perfil profissional do curso de Pedagogia. O segundo momento constou da análise, interpretação e sistematização, com base nos dados coletados na literatura pesquisada, principalmente os documentos produzidos nos encontros realizados pelo Movimento Nacional de Reformulação dos Cursos de Formação dos Profissionais da Educação para este o curso.

A respeito da pesquisa bibliográfica, Marconi e Lakatos (1992, p. 44) destacam que:

> A pesquisa bibliográfica permite compreender que, se de um lado a resolução de um problema pode ser obtida através dela, por outro, tanto a pesquisa de laboratório quanto à de campo (documentação direta) exigem, como premissa, o levantamento do estudo da questão que se propõe a analisar e solucionar. A pesquisa bibliográfica pode, portanto, ser considerada também como o primeiro passo de toda pesquisa científica.

Posto isso, podemos afirmar que, por meio da pesquisa bibliográfica, o pesquisador, além de adquirir uma bagagem teórica sobre o tema em estudo, obtém uma maior compreensão sobre a temática e apontamento de possíveis soluções para o problema estudado. Ela abrange a leitura, análise e interpretação de livros, periódicos, textos legais, documentos mimeografados ou xerocopiados, mapas, fotos, manuscritos, dentre outros.

Ainda para o percurso metodológico, optamos pela realização de estudo bibliográfico e análise documental. Orientamo-nos, ainda, pela concepção curricular do ciclo de políticas, que fundamentou os trabalhos de Stephen Ball, pesquisador da área de políticas educacionais. Os estudos de Ball, embora referidos à realidade inglesa, têm servido de paradigma para análises do campo curricular de outros países e colocado no centro dos debates os processos micropolíticos e a necessidade de se articular os processos macro e micro nas pesquisas desse campo. O ciclo de políticas é considerado um método de pesquisa de políticas e compreende o processo de políticas como um movimento contínuo, no qual as políticas são criadas e ressignificadas em diferentes contextos, a saber, o contexto de influência, o de produção do texto e o da prática, todos ligados e interrelacionados, não se constituindo etapas lineares ou hierárquicas. A abordagem do ciclo de política permite compreender a política como texto e como discurso, na busca de superar a dicotomia entre sua produção e sua execução (MOURA, 2014, p. 10).

Em seguida, promovemos o levantamento bibliográfico mediante a consulta ao banco de dissertações e teses, mais especificamente disponíveis na internet, a saber: na Biblioteca Digital de Teses e Dissertações (BDTD), o banco de dissertações e teses da Universidade de Brasília (UNB), da Universidade Federal do Rio de Janeiro (UFRJ), o banco de teses da Universidade de São Paulo (USP), o banco de dissertações e teses no Portal de Periódicos da Capes[1]; Google acadêmico; SciELO[2]; Domínio Público[3]; sites da ANFOPE, utilizando os seguinte descritores: "Políticas Educacionais para o Curso de Pedagogia"; "Perfil do Pedagogo" e "ANFOPE", para uma maior compreensão sobre o tema. Ressaltamos que esse mapeamento

---

[1] A Coordenação de Aperfeiçoamento de Pessoal de Nível Superior (Capes) é uma autarquia e agência pública de pesquisa do Brasil, vinculada ao Ministério da Educação, que atua na expansão e consolidação da pós-graduação stricto sensu (mestrado e doutorado), criada em 2001, e funciona como um instrumento de busca e consulta de dissertações e teses defendidas, desde 1987, em todo o país.

[2] *Scientific Electronic Library Online* (SciELO) é uma base de dados bibliográfica, biblioteca digital e modelo de publicação eletrônica cooperativa de periódicos de acesso aberto. SciELO foi criado para atender às necessidades da comunicação científica nos países em desenvolvimento e fornece uma maneira eficiente de aumentar a visibilidade e acesso à literatura científica. Disponível em: https://en.wikipedia.org/wiki/SciELO.

[3] Domínio Público é um acervo com mais de 123 mil obras e um registro de 18,4 milhões de visitas; o Portal Domínio Público é a maior biblioteca virtual do Brasil (dados de junho de 2009). Disponível em: http://www.dominiopublico.gov.br/pesquisa/PesquisaObraForm.jsp.

teve a finalidade apenas de evidenciar a escassez de pesquisa no que se refere, especificamente, ao perfil de pedagogo delineado pela ANFOPE. Por esta razão, não aprofundaremos estudos sobre tais pesquisas, ou seja, citaremos apenas para justificar a necessidade de discutirmos com maior profundidade sobre como se constituiu o perfil profissional do pedagogo, que é a temática, objeto de estudo desta pesquisa.

Constituíram-se ainda como fonte de dados os artigos científicos e o estudo documental por meio de relatórios e documentos finais produzidos nos encontros da Associação que abordam a temática.

No levantamento bibliográfico, localizamos um total de 18 trabalhos que abordam sobre a formação e identidade do pedagogo; deste universo, identificamos uma tese, oito dissertações e nove artigos científicos. Procurou-se observar, como critério de seleção, os trabalhos que mais se aproximam da temática e/ou que pautam nesse entendimento do perfil delineado pela ANFOPE. Dessa forma, optamos por apresentar mais detalhadamente os trabalhos que problematizavam a formação, a identidade e o perfil do pedagogo.

Na análise das produções científicas, identificou-se uma tese defendida por Fabiana Andreia Barbosa, em 2014, pela Pontifícia Universidade Católica do Paraná (PUC/PR), que aborda a temática "As Diretrizes Curriculares Nacionais para o Curso de Pedagogia: um olhar a partir do ciclo de políticas" e teve como objetivo central analisar o processo de construção e implementação das Diretrizes Curriculares Nacionais para o curso de Pedagogia (DCNP), cuja problemática foi a trajetória histórica da profissão, os embates sobre o perfil do pedagogo e as políticas nacionais e internacionais, como a formação, propostas pelas DCNP.

Localizou-se ainda oito dissertações com as seguintes características: dissertação defendida em 2008, por Silvia Alves dos Santos, com a temática "Formação de professores no Curso de Pedagogia no Brasil: as repercussões das políticas educacionais pós 1990", pela Universidade Estadual de Londrina (UEL/PR), que analisa as repercussões das políticas educacionais nos cursos de Pedagogia pós

TRAÇANDO O PERFIL PROFISSIONAL DO PEDAGOGO POR MEIO DOS DOCUMENTOS
DA ANFOPE: ENRIQUECENDO O CAMPO DA PEDAGOGIA

1990, focalizando os discursos que ficaram implícitos pelos órgãos oficiais da educação, influenciados por organismos internacionais, e que proporcionaram a introdução de novos espaços de formação de professores paralelos à universidade pública.

Dissertação defendida em 2007, por Marilda Bonini Vargas, com a temática "Políticas de Formação Inicial de Profissionais da Educação Básica: a experiência dos cursos de pedagogia da UCDB e UFMS – 1995-2004", pela Universidade Católica Dom Bosco (UCDB), Campo Grande, e traz como objeto de pesquisa a análise das políticas de formação de professores para a educação básica e sua influência na formação inicial do Pedagogo, no período de 1995 a 2004, na UCDB e na UFMS, cujo objetivo principal é analisar os desdobramentos das políticas de formação de professores na formação inicial do pedagogo na UCDB e UFMS entre os anos de 1995 e 2004.

Dissertação defendida em 2008, por Reijane Maria de Freitas Soares, pela Universidade Federal do Piauí (Ufpi), com a temática "A Construção Da Identidade Profissional do Pedagogo Atuante Nas Escolas Da Rede Pública Estadual De Teresina - PI: 1980 a 2006", cujo objetivo geral proposto é caracterizar a identidade profissional do pedagogo construída no contexto da rede pública estadual de Teresina, PI.

Dissertação defendida em 2007, de autoria de Marcos Matozinhos Munhós, pela Universidade do Estado de Minas Gerais (UEMG), no Campus da Fundação Estadual de Divinópolis, em que discute a temática "LDB & Diretrizes Curriculares Nacionais: a formação em cursos de Pedagogia", o autor propõe revelar, por meio de análises comparativas entre dispositivos legais (LDB, Lei n.º 9.394/1996, Resolução CNE/CP n.º 1, de 18/2/2002, e Resolução CNE/CP n.º 1, de 15/5/2006) e matrizes curriculares dos cursos de Pedagogia (Universidade do Estado de Minas Gerais – UEMG, Universidade Federal de Minas Gerais – UFMG e Universidade Presidente Antônio Carlos – Unipac), concepções teóricas, técnicas e de ensino intrincadas em função da formação do profissional pedagogo, tendo como objetivo geral os estudos da LDB de 1996 e das Diretrizes Curriculares

Nacionais de 2002 e de 2006, respectivamente, que versam sobre a Formação do Professor da Educação Básica, Resolução CNE/CP n.º 1, de 18/2/2002, e dos Cursos de Pedagogia, Licenciatura, Resolução CNE/CP n.º 1, de 15/5/2006.

Dissertação com a temática "A FORMAÇÃO DO PEDAGOGO: Um Estudo Exploratório de Três Cursos de Pedagogia à luz das Diretrizes Curriculares Nacionais", defendida por Elizabete Vieira Matheus da Silva, em 2004, pela Universidade do Estado de Santa Catarina (Udesc), em que a autora propôs avaliar a formação do pedagogo, baseada em um estudo exploratório de três cursos de Pedagogia, à luz das competências definidas nas Diretrizes Curriculares Nacionais (DCNs) do curso de Pedagogia, tendo como objetivo geral saber se os pedagogos formados pelos cursos de Pedagogia estudados desenvolveram as competências e as habilidades definidas nas DCNs.

Dissertação defendida, em 2010, por Geslani Cristina Grzyb Pinheiro, pela Pontifícia Universidade Católica do Paraná (PUC-PR), com a temática "Formação do Professor no Curso de Pedagogia", focalizando a atenção na formação do professor efetivada neste curso, cujo objetivo geral proposto é proceder uma análise do curso de Pedagogia, no sentido de compreender como se institui a formação do professor, especialmente para a educação infantil e para as séries iniciais do ensino fundamental, a partir da perspectiva de professores e alunos do curso.

Dissertação defendida, em 2006, por Reinildes Maria de Carvalho dos Reis, pela Universidade Católica de Goiás (PUC-Goiás), com o tema "O Perfil do Pedagogo em Formação nos Cursos de Pedagogia em Goiânia", tendo como principal objetivo mostrar um estudo sobre o perfil do pedagogo em formação nos cursos de Pedagogia oferecidos nas Instituições de Ensino Superior (IES) UCG, UFG, PADRÃO, ALFA e FARA em Goiânia.

E a dissertação com o tema "As propostas da Associação Nacional pela Formação dos Profissionais da Educação – ANFOPE para a Definição do Curso de Pedagogia no Brasil (1990-2006)", defendida em 2007, de autoria de Simone Carvalho Massias, pela Pontifícia

Universidade Católica de São Paulo (PUC-SP), tendo como principal objetivo caracterizar as propostas de formação elaboradas pela Associação Nacional pela Formação dos Profissionais da Educação (ANFOPE) para definição do curso de Pedagogia no Brasil.

Identificou-se nove artigos científicos com as características assim descritas: trabalho intitulado "A Formação do Pedagogo sob a Orientação de Documentos Elaborados no Início do Século XXI: da necessidade de continuar o debate", publicado nos Anais da IX ANPED Sul, em 2012, escrito pelas autoras, Alessandra Peternella (UEM/UERR) e Maria Terezinha Bellanda Galuch (UEM), que analisou comparativamente os princípios e concepções concernentes à docência, gestão e pesquisa, compreendidos como os eixos da formação do pedagogo.

Trabalho das pesquisadoras Leda Scheibe, da Universidade do Oeste de Santa Catarina (Unioesc), e Zenilde Durli, da Universidade Federal da Fronteira Sul (UFFS), com o tema "Curso de Pedagogia no Brasil: olhando o passado, compreendendo o presente", publicado na Revista Educação em Foco da Faculdade de Educação da Universidade Estadual de Minas Gerais (UEMG), com o objetivo de analisar a trajetória do curso de Pedagogia no Brasil para melhor compreender as perspectivas que apresenta para o desenvolvimento do campo educacional brasileiro.

Trabalho escrito por Sônia Gonçalves da E. E. Narciso de Queirós/Uberaba, e Alaíde Rita Donatoni, da Universidade de Uberaba (Uniube), publicado pela Revista Profissão Docente on-line da Uniube, com o tema "Pedagogia: Os Marcos Históricos, a Identidade Profissional e as Novas Diretrizes Curriculares Nacionais", tendo como objetivo identificar tendências de formação do/a profissional de Pedagogia e as demandas da sociedade relativas à informação e conhecimento entre 2000 e 2006.

Trabalho intitulado "A história do curso de Pedagogia no Brasil: da sua criação ao contexto após LDB 9394/96", de autoria de Andreia Cristina Martelli e Elenita C. P. Manchope, ambas da (Unioeste). Estas autoras analisaram o curso de Pedagogia na (década de 90) em duas perspectivas: a da Associação Nacional pela Formação do Profissional da Educação (ANFOPE) e a da Política Oficial, materializada a partir da LDB 9.394/06 e de alguns documentos oficiais. É importante destacar que no trabalho desenvolvido por estas autoras, apesar de analisar o curso de Pedagogia na perspectiva da ANFOPE, o enfoque difere daquele proposto nesta pesquisa.

Artigo publicado em 2006, pela Revista Educação & Sociedade da Universidade Estadual de Campinas (Unicamp), intitulado "Diretrizes Curriculares do Curso de Pedagogia no Brasil: disputas de projetos no campo da formação do profissional da educação", de autoria de Márcia Ângela da S. Aguiar, da Universidade Federal de Pernambuco (Ufpe), Iria Brzezinski, da Universidade Católica de Goiás (UCG), Helena Costa L. Freitas da Unicamp, Marcelo Soares Pereira Da Silva, da Universidade Federal de Uberlândia (UFU), e Ivany Rodrigues Pino, da Unicamp, tendo como principal objetivo analisar as novas diretrizes curriculares do curso de Pedagogia, objeto de normatização do Conselho Nacional de Educação (CNE), em 2005, a partir do debate feito à luz do acervo de conhecimentos teórico-práticos sistematizados pelas principais entidades do campo educacional (ANFOPE, ANPED, Cedes, Forumdir, Anpae).

Trabalho publicado em 2014 na Revista Colloquium Humanarum da Universidade do Oeste Paulista (Unoeste), intitulado "A Formação do Professor Licenciado Em Pedagogia: trajetória histórica", escrito pelos autores Mayara Aparecida Pereira Menezes, Augusta Boa Sorte O. Klebis e Raimunda Abou Gebran, todos da Unoeste, que tem por objetivo analisar e compreender as proposições, concepções e ações que norteiam a formação do professor licenciado em Pedagogia com vistas a sua profissionalização docente.

Artigo intitulado "Políticas de Formação De Professores No Brasil: caminhos do curso de pedagogia", publicado em 2011, pela Revista HISTEDBR On-line, da Universidade Estadual de Campinas (Unicamp), de autoria de Romilda Teodora Ens e Fabiana Andréa Barbosa Vaz, ambas da Pontifícia Universidade Católica do Paraná (PUC-PR), tendo como objetivo analisar alguns aspectos das políticas educacionais, em diferentes momentos históricos sobre formação de professores no Brasil, em curso de Pedagogia, com o intuito de suscitar o debate e a reflexão na busca de novos caminhos para essa formação.

Trabalho publicado em 2008, no Primeiro Simpósio Nacional de Educação, na 20ª Semana da Pedagogia, com o título "As Novas Diretrizes Curriculares para o Curso de Pedagogia: política de alargamento das funções docente", escrito por Suzane da Rocha Vieira, da Universidade Federal do Rio Grande (Furg), cujo objetivo é compreender o processo que culminou na aprovação das novas diretrizes, bem como verificar o perfil de pedagogo proposto pelo documento; e, por fim, o trabalho apresentado em 2005, na 28ª Reunião do GT/12 de Currículo, em Caxambu, Minas Gerais (MG), de autoria de Rita de Cássia Prazeres Frangella, versa sobre questões de "Currículo e Identidade: a ANFOPE e seu papel na (re)formulação curricular dos cursos de formação de professores", cujo objetivo se constiuiu em investigar as relações entre identidade e currículo no campo da formação de professores.

Os trabalhos referenciados serviram de parâmetros para uma melhor compreensão sobre o processo histórico que envolve a formação de professores no Brasil, porém, como se pôde evidenciar, embora existam vários estudos que focalizam o processo de mobilização e resistência das entidades do campo educacional, observamos a necessidade de publicações que discutem o perfil profissional do pedagogo defendido pela ANFOPE, o que reafirmou o propósito e viabilidade desta pesquisa.

Numa outra etapa de trabalho, a pesquisa bibliográfica permitiu aprofundar o estudo do assunto a partir da exploração mais detalhada sobre a história do curso de Pedagogia no Brasil, atendo-se especificamente ao perfil do pedagogo delineado pela ANFOPE, com o objetivo bem específico: o de analisar a questão do perfil aí subjacente, por meio da leitura de livros e artigos referentes ao processo de mobilização da Associação na área educacional. Para tanto, apoiamo-nos em um conjunto de autores que devem ser considerados referência relevante para o estudo do tema: Scheibe e Aguiar (1999),

Dias (2009) Freitas (1999), Silva (2006), Brzezinski (1996), Nóvoa (1996) e Beraldo e Oliveira (2010), dentre outros, na busca por uma melhor compreensão do campo da Pedagogia.

Outro desdobramento metodológico, que consiste no estudo documental, analisa o percurso da questão do perfil do pedagogo e do curso de Pedagogia nos principais documentos produzidos no interior do movimento iniciado na década de 1990, focalizando a reformulação dos cursos de formação de educadores no Brasil, movimento este sob a coordenação de grupos de educadores que receberam diferentes denominações. Mesmo considerando a gênese do movimento em 1978, por circunstância do Primeiro Seminário de Educação Brasileira, realizado na cidade de Campinas, procedemos a análise dos documentos a partir da década de 90, quando a Associação para a Reformulação dos Cursos de Pedagogia e Licenciatura foi denominada ANFOPE (BRZEZINSKI, 2011).

Ainda no âmbito do estudo documental, consideramos para a análise o relatório do encontro do grupo de trabalho a respeito da Pedagogia, elaborado no Quinto Congresso Estadual Paulista sobre a Formação de Educadores, realizado em 1998. Perscrutou-se, ainda, como a Comissão de Especialistas de Ensino de Pedagogia, no ínterim de 1998 a 2000, encaminhou a questão basilar do curso de Pedagogia na Proposta de Diretrizes Curriculares. Por fim, analisamos o Parecer CES/CNE n.º 970/99 como germe da questão do perfil desse curso.

Buscamos problematizar o perfil profissional do pedagogo, delineado pela ANFOPE, e as relações de poder que se estabeleceram na legitimação da política curricular do curso. Para possibilitar uma melhor interpretação do movimento das políticas curriculares para o curso de Pedagogia, adotamos como base teórica metodológica a abordagem do Ciclo de Políticas (BALL, 1994, 2005; BALL; MAINARDES, 2011) que forneceu subsídios para análise de políticas públicas a partir do contexto de influência, contexto da produção de texto e contexto da prática, e dialogamos também com autores brasileiros: Mainardes (2006), Mainardes e Gandin (2013), Mainardes e Marcondes (2009), Oliveira (2009) e Lopes e Macedo (2011), o que se constituiu em um referencial extremamente útil para a análise de políticas e auxiliou no entendimento da política pública na prática, contribuindo para a compreensão das interpretações/traduções da política.

Teoricamente, compreendemos a política de currículo tal como, simultaneamente, "o coração das reformas educacionais contemporâneas" (LOPES, 2004, p. 110). A partir das leituras de Ball (1998), entendemos ainda que a elaboração da política de currículo se dá em um movimento cíclico, organizado por um conjunto de textos e contextos em constante interação. Este conjunto é composto de três contextos interrelacionados, entendidos como um agrupamento de arenas públicas e privadas de ação: contexto de influência, contexto de produção do texto político e contexto da prática.

"O contexto de influência é visto como aquele em que grupos de interesse lutam pelos discursos políticos. É onde são estabelecidos os princípios básicos que orientam as políticas, em meio a relações de poder" (LOPES; MACEDO, 2011, p. 247). No que se refere ao perfil do curso de Pedagogia, este envolve desde a atuação do Ministério da Educação (MEC), o Conselho Nacional de Educação (CNE), percorrendo pelas peculiaridades da política de currículo nacional, inclusive as forças políticas inseridas globalmente.

"O contexto de produção do texto político é aquele que produz os textos que representam – ou tentam representar – para as instituições de ensino o que é a política na sua totalidade" (LOPES; MACEDO, 2011, p. 247). Em se tratando da reforma do curso de Pedagogia, focalizando o perfil delineado pela ANFOPE, o contexto de produção de texto envolve todos os documentos legais que normatizam e orientam a reforma curricular do curso de Pedagogia da década de 90 até os dias atuais (leis, decretos e resoluções do Conselho Nacional de Educação, tais como: CF, LDB, DCNP, os documentos e/ou relatórios finais de encontros realizados pela ANFOPE).

Por fim, entretanto não menos importante, o contexto da prática. "Nesse contexto, os textos do contexto de produção do texto político e os discursos do texto de influência estão sujeitos à recriação e interpretação, e modificação de sentidos e significados" (LOPES;

MACEDO, 2011, p. 247). Para a autora, essas recriações e novas interpretações são decorrentes, basicamente, de duas dimensões: comunidades disciplinares e especificidades institucionais. Referindo-se ao primeiro caso, as diferentes disciplinas na instituição de ensino, que têm formas de leituras próprias dos documentos curriculares e dos variados textos das políticas. Suas concepções de conhecimento, de currículo e de Pedagogia, por exemplo, fazem com que se apliquem os possíveis sentidos das políticas. No segundo caso, nas instituições de ensino há diferentes experiências e habilidades, intituladas capacidades, em responder às mudanças, imprevisibilidades capazes de proporcionar ou impossibilitar mudanças, compromissos e histórias, que se correlacionam às diversas transformações pedagógicas ou disciplinares, produzindo hibridização de diferentes discursos aos discursos das políticas. Com esse modelo analítico de modo articulado, Ball analisa política ao mesmo tempo como texto e como discurso. Ball (1994) pretende salientar, com a dimensão textual da política, o fato de que todo texto — inclusive os documentos políticos — está sujeito a múltiplas interpretações, e novos sentidos podem ser incorporados aos diferentes conceitos. No entanto, ele procura destacar que, na dimensão discursiva, não se lê qualquer coisa em qualquer texto. O autor acredita que certos discursos fazem com que cada indivíduo possa pensar e agir de forma diferente, abalizando respostas a mudanças e possibilidades de recriação dos textos.

Para este estudo, empregamos como modelo analítico a compreensão de política de currículo aqui apresentada e, considerando a importância de analisar o processo e o movimento das reformas, focalizamos um de seus contextos, o contexto de produção do texto, evidenciando o poder de intervenção do movimento na política de formação do perfil do pedagogo. Diante deste desdobramento metodológico, os documentos considerados nesta análise são os textos da política curricular do curso de Pedagogia produzidos pela ANFOPE nos Encontros Nacionais, os Documentos Finais do VI, VII, VII, VII, IX, X, XI, XII, XII, XIV, XV e XVI do Encontro Nacional da Associação Nacional pela Formação dos Profissionais da Educação, e os documentos dos encontros realizados nos anos de 1989, 1992,

1994, 1996, 1998, 2001, 2011, 2012 e 2014. Também fizeram parte deste estudo, os documentos oficiais, tais como: Diretrizes Curriculares Nacionais para Curso de Pedagogia (DCNP) e a Lei de Diretrizes e Bases da Educação (LDB). Esses documentos constituem o contexto do texto da política, compreendidos como resultado das discussões e decisões originadas no contexto de influência e no contexto da prática.

Tendo esses documentos como referência, realizamos o estudo documental a partir da leitura de publicações, Documentos Finais dos Encontros Nacionais e registros diversos, disponibilizados no site da ANFOPE. Aliado a isso, utilizamos como instrumento de coleta de dados a pesquisa documental. Essa pesquisa se caracteriza

> [...] pela busca de informações em documentos que não receberam nenhum tratamento científico, como relatórios, reportagens de jornais, revistas, cartas, filmes, gravações, fotografias, entre outras matérias de divulgação (OLIVEIRA, 2007, p. 69).

A análise documental buscou evidenciar o perfil profissional presente nos textos oficiais da política de formação do curso de Pedagogia. Os documentos considerados nesta análise são os textos da política curricular do curso de Pedagogia produzidos pela ANFOPE nos Encontros Nacionais da Associação Nacional pela Formação dos Profissionais da Educação (1989, 1992, 1994, 1996, 1998, 2001). Esses documentos constituem o contexto do texto da política, compreendidos como resultado das discussões e decisões originadas no contexto de influência e no contexto da prática.

Na sequência, explicitamos os dados da análise sobre o percurso do movimento dos educadores na definição do perfil profissional do pedagogo, bem como do curso de Pedagogia, tendo como fonte os principais documentos produzidos no interior do movimento dos educadores iniciado no século 20, visando à reformulação dos cursos de formação de educadores no Brasil, e apresentamos as considerações finais da pesquisa, trazendo os resultados encontrados e evidenciando questões salutares para pesquisas futuras.

2

POLÍTICAS EDUCACIONAIS E O CAMPO DE PEDAGOGIA

A maior parte das políticas é frágil, produto de acordos, algo que pode ou não funcionar; elas são retrabalhadas, aperfeiçoadas, ensaiadas, crivadas de nuances e moduladas através de complexos processos de influência, produção e disseminação de textos, e, em última análise, recriadas nos contextos da prática.

(BALL, 2001, p. 102)

Este capítulo discute as implicações e os desafios para o currículo do curso de Pedagogia, a partir das contribuições dos autores que destacam na política de redefinição do curso de Pedagogia não somente os aspectos teórico-metodológicos da organização curricular, mas, também, as considerações sobre o perfil que se configurou a partir do movimento da ANFOPE para o profissional de Pedagogia. Primeiramente, discorreremos sobre a História da Pedagogia, evidenciando os embates teóricos que ocorreram, em especial após a década de 90, em prol da formação do perfil de pedagogo. Na sequência, apresentamos o percurso histórico de criação da ANFOPE e suas contribuições no âmbito das reformas curriculares para o curso de Pedagogia. Apresentamos, também, algumas considerações sobre as pesquisas que abordam a política de formação docente no Brasil e as pesquisas que discorrem sobre as reformulações curriculares, bem como os aspectos teórico-metodológicos que ancoram essa política, fundamentada em estudos de Ball (1994), Lopes (2004), Oliveira (2009), Franco, Libâneo e Pimenta (2007), Veiga (2006), Brzezinski (2009, 2011), Mazzotti (1996), Saviani (2011), Libâneo (2001) e também nos documentos da ANFOPE, pareceres, resoluções e leis disponibilizadas pelo Ministério da Educação e Cultura (MEC).

2.1 UM BREVE HISTÓRICO DO CURSO DE PEDAGOGIA

Para compreender a política que delineou o perfil do pedagogo, é preciso recompor a sua trajetória, de modo que se possa ter clareza que questões muito mais complexas estão envolvidas, localizadas em diferentes aspectos que constituem a sociedade, sejam contextuais estruturais, políticos, econômicos ou culturais. A trajetória do curso de Pedagogia no Brasil é estabelecida por fatos que trazem à tona tensões, desconforto e rupturas geradas nos processos de busca e construção de novos paradigmas curriculares, com perspectivas voltadas para uma formação profissional coerente com as necessidades de cada momento histórico do país. Ou melhor, a história da formação de pedagogos no Brasil se movimenta e se estabelece imbricada em contextos mais amplos. Ela excede os delineamentos determinados pelas políticas educacionais e curriculares explicitadas em documentos oficiais, até porque tais políticas são produzidas a partir de relações que são instauradas sob orientação de ideologias hegemônicas que explicitam interesses e disputas de poder.

De acordo com Cambi (1999, p. 21),

> O curso de Pedagogia nasceu entre os séculos XVIII e XIX e desenvolveu-se como pesquisa elaborada por pessoas ligadas à escola, empenhadas na organização de uma instituição cada vez mais central na sociedade moderna.

No Brasil a Pedagogia chega ao século 15, sob a influência da religião católica, por meio dos padres jesuítas que usavam a educação como um método para catequizar e dominar os povos indígenas; o modelo educacional tradicional perdurou praticamente até meados do século 20 no país. Para Libâneo (2001, p. 39), "até os anos 20 a ciência pedagógica é fortemente influenciada pela Pedagogia católica e herbartiana. A partir dos anos 30 o Brasil passa a ser influenciado pela concepção norte-americana da educação nova".

Nesse período surgem no Brasil os primeiros cursos destinados à formação de pedagogos, conforme pontuado por Tanuri (2000, p. 21):

Em 1939 surge o primeiro curso de pedagogia na Universidade Nacional do Brasil, com o esquema "3+1", ou seja, 3 anos de bacharelado, com conteúdos específicos e fundamentos teóricos educacionais, e 1 ano de licenciatura, que permitia a atuação como professor-docente.

O curso de Pedagogia se estruturou a partir do Decreto-Lei n.º 1.190, de 4 de abril de 1939, que tratava da organização da Faculdade Nacional de Filosofia.

Os primeiros cursos de Pedagogia formavam professores para ministrar as várias disciplinas dos currículos das escolas secundárias. Os segundos formavam os professores para exercer a docência nas escolas normais. Em ambos os casos vigorava o mesmo esquema, isto é, três anos para o estudo das disciplinas específicas e um ano para a formação didática. Ao ser generalizado, o modelo de formação de professores em nível superior perdeu sua referência de origem, cujo suporte era as escolas experimentais às quais competia fornecer uma base de pesquisa que pretendia dar caráter científico aos processos formativos. (SAVIANI, 2007, p. 116).

Contudo, o Decreto-Lei n.º 1.190/1939 causou muita polêmica, dando origem aos primeiros embates teóricos sobre o curso, pois a Pedagogia era considerada, na época, um curso que não dispunha de mercado profissional, ou seja, formavam-se pedagogos, mas não tinham campo de trabalho para estes profissionais atuarem, além disso, o curso era visto a partir de uma perspectiva da ciência da educação, defendida por vários autores, dentre estes Pimenta (1996), Saviani (2007) e Libâneo (2007). Todavia, não se pode negar que, com a regulamentação do curso de Pedagogia, iniciou-se o processo de construção do perfil do pedagogo de forma mais institucional.

Pelos motivos elencados, desde a sua criação no final da década de 1930, o curso de Pedagogia sofreu várias modificações em seus programas de ensino, objetivos, propostas pedagógicas, organizações curriculares, que interferiram na formação profissional e, consequentemente, na formação do perfil do pedagogo, visto que, em um primeiro momento da história da Pedagogia, as atribuições do pedagogo não eram bem definidas, tanto que foram modificadas várias vezes ao longo do tempo, na busca pela construção de um perfil que representasse as demandas para a Pedagogia.

Para Silva (2003, p. 82),

> [...] inicialmente, o curso de Pedagogia se constituiu das disciplinas de didática geral, didática especial, psicologia educacional, administração escolar, fundamentos biológicos da educação e fundamentos sociológicos da educação.

De acordo com a autora, o curso formava bacharéis e licenciados em Pedagogia, sendo os três primeiros anos dedicados às disciplinas de conteúdos específicos do curso; e o quarto ano à "formação pedagógica" destinada à licenciatura.

Ainda para Silva (2003, p. 86), "ao bacharel em Pedagogia bastava cursar as duas primeiras disciplinas, pois o restante já estava contemplado no curso, haja vista ser este preparado apenas para ocupar cargos técnicos da educação, enquanto ao licenciado era destinada à docência". Dessa forma, havia uma separação entre as disciplinas do bacharelado e as disciplinas da licenciatura, como se os dois cursos não fossem dependentes um do outro, sendo que o curso de Didática foi reduzido à forma de ensinar a se dar aulas.

Segundo Barbosa, Bueno e Gomes (2008 *apud* COSTA, 2006, p. 31), durante o governo Vargas (1930-1945) a formação do profissional pedagogo era vista de forma generalista; este exercia a função de orientador pedagógico, agindo de maneira a controlar burocrática e moralmente as atividades escolares, tais como: controle dos exames aplicados, dos diplomas fornecidos, rubricando livros, verificando matrículas, provas, programas de disciplinas, abertura e conservação da escola, construção de relatórios, entre outros, visando garantir a moralidade no ensino.

Nos anos 50, inicia-se a propagação de novas teorias educacionais originadas nos Estados Unidos da América (EUA) e rotuladas

TRAÇANDO O PERFIL PROFISSIONAL DO PEDAGOGO POR MEIO DOS DOCUMENTOS
DA ANFOPE: ENRIQUECENDO O CAMPO DA PEDAGOGIA

com a expressão "tecnicismo educacional", que se intensifica nos anos 70. Silva (2006) diz que, na tentativa de definição do perfil do curso de Pedagogia e do pedagogo, enquanto profissional da educação, o curso passou por várias reformulações no Brasil, denominadas pela autora em quatro períodos, cada qual com suas características.

O Primeiro Período, considerado o das Regulamentações, vai de 1939 a 1972; época em que o curso é instituído pelo Decreto-Lei n.º 1.190, por ocasião da organização da Faculdade Nacional de Filosofia da Universidade do Brasil, sendo seu Perfil bastante questionado. Segundo Silva (2006, p. 49),

> [...] nessa ocasião o curso foi instituído com a marca que o acompanha em todo o seu desenvolvimento e que se constitui até hoje no seu problema fundamental: a dificuldade em se definir a função do curso e, consequentemente, o destino de seus egressos.

Esse período foi marcado pelas tendências pedagógicas liberais, tecnicistas e tradicionais; neste período a educação brasileira passa por influência de modelos educacionais, principalmente de autores americanos, que pensam a educação numa perspectiva fordista e taylorista; diante disso, acentua-se a dimensão técnica do trabalho pedagógico e a escola tem a função de reproduzir o modelo imposto, conforme explica Luckesi (2003, p. 61):

> A escola atua, assim, no aperfeiçoamento da ordem social vigente (o sistema capitalista), articulando-se diretamente com o sistema produtivo para tanto, emprega a ciência da mudança de comportamento, ou seja, a tecnologia comportamental. Seu interesse imediato é o de produzir indivíduos "competentes" para o mercado de trabalho, transmitindo, eficientemente, informações precisas, objetivas e rápidas.

Para a Pedagogia tecnicista, o papel da escola deveria ser de modeladora do comportamento do aluno, para adequá-lo ao mercado de trabalho e ao modelo político e econômico vigente. O professor, por sua vez, era um mero transmissor de conhecimentos que tinha como objetivo desenvolver habilidades para servir de mão de obra barata para o mercado de trabalho.

O Segundo Período, de 1973 até 1978, é denominado período das Indicações, ou seja, do perfil projetado. De acordo com Silva (2003, p. 58), "as antigas tarefas anteriormente concentradas no curso passaram a fazer parte das alternativas de habilitações denominadas licenciatura das áreas pedagógicas". Dessa forma, as práticas institucionais passaram a ser constituídas por um conjunto de formas de educar com base na cultura e na tradição.

Nesse contexto, consolida-se a atividade científica na área da educação, com a implantação dos cursos de pós-graduação que impulsionaram as pesquisas. Conforme explicam Aguiar *et al.* (2006, p. 31), "nesse momento se inicia o movimento de redefinição dos cursos de Pedagogia, que irá se firmar nos anos 80, com a contribuição de entidades representativas do Movimento de Educadores", dentre estes a Comissão Nacional de Reformulação dos Cursos de Formação de Educadores (Conarcfe), mais tarde transformada em Associação Nacional pela Formação dos Profissionais da Educação (ANFOPE).

O Terceiro Período, o das Propostas (1978-1998), foi marcado pela discussão sobre o perfil do curso de Pedagogia. Silva (2006, p. 73) enfatiza que "[...] professores e estudantes universitários se organizaram para controlar o processo de reforma dos cursos de formação de educadores no Brasil". Para a autora, "[...] a documentação daí resultante constitui importante fonte de referência a respeito da questão do perfil do pedagogo e do curso da pedagogia".

Esse período foi marcado por uma agenda intensa, por parte do Movimento dos Educadores; ocorreram muitos encontros, reuniões, debates e seminários em diferentes lugares do Brasil, em que foram elaboradas inúmeras propostas e documentos encaminhados para o Conselho Nacional de Educação (CNE) e Ministério da Educação e Cultura (MEC).

O Quarto Período, dos Decretos: Perfil Outorgado (1999), foi marcado pela publicação de alguns decretos, leis e pareceres sobre as Diretrizes Curriculares para a formação de professores. Contudo, a redação de alguns desses documentos desagradou o Movimento de Educadores e demais segmentos imbuídos na luta pela construção do perfil do curso de Pedagogia. A síntese elaborada por Silva acerca deste assunto diz que:

> Não há como conceber que casos de impasse em assuntos pedagógicos sejam resolvidos por decretos sejam do Executivo, sejam do Legislativo, tais procedimentos não apenas violam a própria natureza da matéria que se propõe a disciplinar, mas também ferem os princípios fundamentais que regem as relações entre instituições de uma sociedade que se pretende democráticas. (SILVA, 2006, p. 69).

Desse modo, entendemos que a construção e definição do perfil identitário do curso de Pedagogia, no Brasil, já vem se arrastando por várias décadas, sendo que cada período foi marcado por intencionalidades, contradições e um mosaico de interpretações sobre a Pedagogia, pois alguns a entendiam como ciência da educação, em que a atuação do pedagogo se caracterizava como um cientista, e outros a defendendo como "ciências da educação", reconhecendo o perfil desse profissional com uma atuação mais ampla. Na opinião de Libâneo (2001, p. 35),

> [...] os estudos referentes à história do curso de Pedagogia no Brasil, mostram uma sucessão de ambiguidades e indefinições, com repercussões no desenvolvimento teórico do seu campo de conhecimento e na formação intelectual e profissional do pedagogo.

Partindo desses pressupostos, verificamos que a história da Pedagogia brasileira é permeada de avanços e retrocessos, o que acaba por refletir na formação de professores até no presente momento. Entretanto, há de se considerar a valiosa contribuição dos movimentos sociais e de entidades parceiras que muito vêm colaborando para a consolidação do curso de Pedagogia no Brasil e o delineamento do perfil do pedagogo, tal qual se apresenta atualmente. Nesse sentido, ressaltamos os avanços das políticas educacionais, a partir da década de 90, refletidos como resultado de reivindicações dos movimentos sociais apoiados e organizados pela ANFOPE e demais entidades, que compactuam com uma educação reflexiva e crítica e a defendem.

Para tanto, se faz necessário, além de conhecermos e compreendermos a história da Pedagogia e como foram delineadas as políticas educacionais, em cada contexto histórico e social, também conhecermos a trajetória de embates, negociações, concessões e audiências públicas junto ao Conselho Nacional de Educação (CNE), encontros, seminários e reuniões, realizados desde a década de 70, pois foram documentos produzidos por ocasião dos encontros nacionais, que culminaram com a elaboração de proposições para as DCNP e que, mais tarde, no ano de 2006, subsidiaram a elaboração das Diretrizes Curriculares Nacionais, para o curso, consolidadas com a publicação da Resolução CNE/CP/2006.

Dessa forma, os embates teóricos em defesa do modelo de educação vigente, bem como a evolução deste modelo, somente foram possíveis com as contribuições dos movimentos sociais desencadeados desde os anos 70, sendo esta uma história de lutas de várias entidades, frente à organização destes movimentos, dentre estas, a Comissão Nacional de Reformulação dos Cursos de Formação de Educadores (Conarcfe), que organizou, no ano de 1983, em Belo Horizonte (MG), o Primeiro Encontro Nacional, onde se elaborou o Documento de Belo Horizonte, o qual propunha a reformulação dos cursos de preparação de recursos humanos para a educação. Posteriormente, em 1990, a Conarcfe passou a ser denominada ANFOPE, conforme já indicado anteriormente e conforme relato histórico a seguir.

2.2 O MOVIMENTO DA ANFOPE NO ÂMBITO DAS REFORMAS CURRICULARES DO CURSO DE PEDAGOGIA

A ANFOPE, com caráter político-acadêmico, foi criada em 1990, mas sua origem remonta à década de 1970, quando o movimento dos educadores se organizou. Em 1980 se instalou como Comitê Pró-Formação do Educador, e desde então veio delineando a sua identidade, transformando-se, em 1983, na Comissão Nacional pela

Formação dos Profissionais da Educação (Conarcfe), até que, em 1990, se tornou ANFOPE.

Em 1983 a Conarcfe organizou o Primeiro Encontro Nacional que defendia a criação de uma base comum nacional para os cursos superiores de formação docente, ideia esta advinda dos movimentos de educadores que se contrapunham à formação de profissionais para atuarem nas áreas da educação, em cursos de licenciaturas. Na pauta desses encontros, estava a formação dos profissionais da educação de todas as licenciaturas. É importante destacar que a ANFOPE é uma entidade acadêmico-científica que vem atuando na produção de discursos e de textos/proposições que interferiram e interfere na produção de políticas para a formação dos profissionais da educação, entre eles, o pedagogo.

Conforme a Lei n.º 12.014/2009, de 6 de agosto, em seu artigo 61 da LDB:

> Consideram-se profissionais da educação escolar básica os que, nela estando em efetivo exercício e tendo sido formados em cursos reconhecidos, são:
>
> I - professores habilitados em nível médio ou superior para a docência na educação infantil e nos ensinos fundamental e médio;
>
> II - trabalhadores em educação portadores de diploma de pedagogia, com habilitação em administração, planejamento, supervisão, inspeção e orientação educacional, bem como com títulos de mestrado ou doutorado nas mesmas áreas;
>
> **III - trabalhadores em educação, portadores de diploma de curso técnico ou superior em área pedagógica ou afim [...].** (BRASIL, 2009, grifo nosso).

Como está escrito na lei sancionada pelo presidente da época, para trabalhar como professor, estar dentro de sala de aula, é necessário ter no mínimo o curso de pedagogia. Para tanto, a ANFOPE procurou, desde o Primeiro Encontro Nacional, refletir e discutir dados sobre o quadro de reformulações curriculares no curso de Pedagogia, a partir de pesquisas levantadas junto às instituições formadoras de diversos estados. Os resultados foram discutidos nos encontros e as primeiras análises do quadro foram apresentadas no coletivo dos educadores. Diante disso, a ANFOPE se consolidou como uma entidade de referência a nível nacional para as discussões que as IES travam no campo da reformulação dos cursos de formação do educador, junto de outras entidades do campo educacional.

Nas palavras de Veiga, para formar professores é necessário:

> Compreender a importância do papel da docência, propiciando uma profundidade científico-pedagógica que os capacite a enfrentar questões fundamentais da escola como instituição social, uma prática social que implica ideias de formação, reflexão e crítica. (VEIGA, 2006, p. 469).

Desse modo, a compreensão do seu papel, bem como de seu perfil profissional, tornou-se de grande relevância para que o pedagogo possa desempenhar suas atribuições adequadamente. Nesse sentido, a Associação Nacional pela Formação dos Profissionais da Educação (ANFOPE) tem papel relevante nas reformas curriculares do curso de Pedagogia, bem como na construção do perfil profissional do pedagogo.

O movimento pelas reformas curriculares do curso de Pedagogia no Brasil, conforme explica Brzezinski (2009, p. 67), teve início na década de 1980, com uma mobilização, em especial entre os cursos de pós-graduação, para organizar o Comitê Pró-Formação do Educador, com o propósito de reformular o curso de Pedagogia.

Consideramos importante assinalar a atuação da ANFOPE, sobretudo na defesa da manutenção do curso de Pedagogia, tendo em vista que o curso esteve na eminência de ser extinto. Um dos fatores que ameaçaram a extinção do curso foi a criação do curso normal superior. A ANFOPE confrontou com essa proposição, bem como com a criação dos Institutos Superiores de Educação, que pretendia retirar a Pedagogia do interior das universidades.

O Movimento Nacional de Reformulação dos Cursos de Formação do Educador teve o primeiro encontro organizado pela Conarcfe e realizado na cidade de Belo Horizonte (MG), em 1983, onde se firmou o princípio de que "a docência constituía base da identidade profissional de todo educador". O movimento pela construção das diretrizes de formação ganhou ênfase com processo de discussão, em nível nacional, a partir dos próximos encontros organizados pela Conarcfe e outras entidades, realizados em 1986, 1988, 1989 e 1990, respectivamente. Em 1990, a Conarcfe se transformou em ANFOPE, que continuou na organização dos encontros nacionais que aconteceram em 1992, 1994, 1996, 1998, 2010 e 2012, além de duas audiências públicas. Os documentos produzidos nos encontros nacionais estão mais bem detalhados no capítulo que versa sobre os resultados das análises.

Dessa forma, em 1998, foram elaboradas as Diretrizes Curriculares para o curso de Pedagogia. Nesse momento foram ouvidas as coordenações de curso e as entidades, dentre estas a ANFOPE, que propôs a instituição de uma Comissão de Especialistas em Pedagogia, para elaborar as diretrizes do curso, tendo como resultado a elaboração do Documento das Diretrizes Curriculares do Curso de Pedagogia e seu encaminhamento ao Conselho Nacional de Educação (CNE), em maio de 1999, onde permaneceu por longos oito anos, aguardando definição e regulamentação de pontos ainda polêmicos com relação à formação do pedagogo (ANFOPE, 2004).

Desse modo, a tese da centralidade da docência é reiterada em diversos documentos e passa a ser uma das bandeiras defendidas por várias entidades e por educadores. Essa centralidade ganha destaque com uma série de indicativos oriundos das políticas curriculares de formação, traduzidos na forma de proposições da ANFOPE, que vem delineando a formação dos profissionais da educação básica, bem como a formação no curso de Pedagogia, contribuindo para a formulação das políticas de formação docente, a exemplo das Diretrizes Curriculares Nacionais para os Cursos de Pedagogia e a criação de um Sistema Nacional Público de Formação dos Profissionais do Magistério (SNFPM).

Nessa direção, a ANFOPE, em documento de 1998, reafirma, com clareza, seus princípios ao indicar as diretrizes para a formação dos profissionais da educação:

> A ANFOPE reafirma ainda que as Universidades e suas Faculdades/Centros de Educação constituem-se o lócus privilegiado da formação dos profissionais da educação para atuação na educação básica e superior. Reafirma também a necessidade de repensar as estruturas das Faculdades/Centros de Educação e a organização dos cursos de formação em seu interior, no sentido de superar a fragmentação entre as Habilitações no curso de pedagogia e a dicotomia entre a formação dos pedagogos e dos demais licenciandos, considerando-se a docência como a base da identidade profissional de todos os profissionais da educação. (ANFOPE, 1998)

Na concepção da ANFOPE, a formação do pedagogo deveria possuir uma base docente. Para a Associação, a Base Comum Nacional (BCN) significava a formação docente para todos os profissionais da educação, isto é, "[...] que os cursos de Pedagogia não operassem uma cisão entre o professor e o especialista. [...] tal formação deveria ocorrer nas faculdades ou centros de educação [...]". A partir de então, mobilizações das diferentes entidades acadêmicas — ANFOPE, ANPED, Anpae, Foram de Diretores das Faculdades de Educação das Universidades Públicas Brasileiras e estudiosos da área — passaram a existir, a fim de reestruturar os cursos de Pedagogia, contemplando a base docente na formação do pedagogo (SHIROMA; MORAES; EVANGELISTA, 2002, p. 101).

Consequentemente, as Diretrizes Curriculares Nacionais para a formação de professores para a educação básica em nível superior ganham evidencia e demarcam um novo tempo e apontam para novos debates no campo da formação do profissional da educação no curso de Pedagogia, na perspectiva de se aprofundar e consolidar sempre mais as discussões e reflexões.

> As Diretrizes Curriculares para o Curso de Pedagogia aplicam-se à formação inicial para o exercício da docência na Educação Infantil e nos anos iniciais do Ensino Fundamental, nos cursos de Ensino Médio de modalidade Normal e com cursos de Educação Profissional, na área de serviços de apoio escolar, bem como outras áreas nas quais sejam previstos conhecimentos pedagógicos. A formação oferecida abrangerá, integralmente a docência, a participação da gestão e avaliação de sistemas de instituições de ensino geral, e a elaboração, a execução, o acompanhamento de programas e as atividades educativas. (DCNs, 2006, p. 6).

Observamos, ainda, a transição para o novo modelo dos cursos de Pedagogia, em que as instituições de ensino foram orientadas a extinguir as habilitações até então em vigor a partir do período letivo seguinte àquele em que for publicada a resolução. O projeto pedagógico das instituições formadoras deveria ser protocolado nos sistemas de ensino dentro de um ano e alcançar todos os alunos que iniciassem o curso no próximo período letivo e, em vez das 2,8 mil horas, anteriormente instituídas como mínimo para efetivação do curso, foram ampliadas para 3,2 mil horas de efetivo trabalho acadêmico.

Outros itens da regulamentação determinaram que pelo menos 2,8 mil e horas deveriam ser destinadas às aulas, seminários, pesquisas e atividades práticas; e 300 horas destinadas ao estágio supervisionado, preferencialmente na docência de educação infantil e anos iniciais do ensino fundamental; e 100 horas, no mínimo, dedicadas a atividades de aprofundamento em áreas específicas de interesse dos alunos (CNE/CP n.º 01/2006).

Assim, pode-se dizer que as Diretrizes Curriculares Nacionais são resultantes das diferentes interpretações do campo da Pedagogia, das disputas político-pedagógicas dos diversos atores sociais envolvidos, nos diversos contextos sócio-históricos, bem como dos diversos perfis atribuídos ao curso de Pedagogia, no Brasil, na busca pela consolidação de um perfil profissional que, de fato, representasse o pedagogo. Entretanto, não raramente ainda nos deparamos, no contexto escolar, com práticas que nos remetem ao passado não tão longínquo, em que a educação foi tratada de forma meramente tecnicista.

Sobre o referido assunto, vale destacar aqui a contribuição de Freitas, quando afirma que:

> Os diferentes sentidos dados historicamente à pedagogia e ao curso de pedagogia materializados no currículo expressam, a abordagens sobre teoria-prática, conteúdo-forma e objeto-sujeito e reportam-se às questões epistemológicas e socioculturais que permeiam o debate sobre a modernidade e ainda se manifesta no campo teórico a visão tecnicista, sob a forma do neotecnicismo em confronto com outros enfoques tradicionais e críticos. (FREITAS, 1985, p. 18).

Pelos motivos elencados anteriormente, no plano da definição das políticas educacionais, em especial daquelas voltadas para a normatização das bases curriculares dos cursos de graduação, dentre estes o de Pedagogia, os conflitos se expressam de forma permanente, traduzindo perspectivas diferenciadas dos atores envolvidos. Brzezinski (2009, p. 33) ressalta que as tensões que atravessam as lutas sociopolíticas e a produção acadêmica da área, em relação à formação do pedagogo, apontam para algumas questões recorrentes ao longo de sua história.

Para a referida autora, tais questões são (re)atualizadas no contexto político da reforma da educação superior no país, que se manifestam inclusive nas novas diretrizes curriculares do curso de Pedagogia. Dessa forma, as Diretrizes Curriculares Nacionais expressam a necessidade de uma formação que contemple a docência com base em uma sólida formação teórico-metodológica, a interação teoria-prática, a pesquisa como princípio formativo e epis-

TRAÇANDO O PERFIL PROFISSIONAL DO PEDAGOGO POR MEIO DOS DOCUMENTOS
DA ANFOPE: ENRIQUECENDO O CAMPO DA PEDAGOGIA

temológico, e a gestão democrática da educação. Portanto, todas estas questões deverão ser contempladas nas matrizes curriculares dos cursos de licenciatura, com ênfase na docência como base da formação de professores. Trabalho este que não reside apenas em ministrar aulas, mas em uma multiplicidade de funções descritas no Art.13 da LDB 9.394/96.

> Esse entendimento desloca a concepção de docência — antes reduzida apenas à atuação dos professores nos processos de ensino e aprendizagem, ou seja, nas atividades em sala de aula - para um processo de ampliação do campo da docência. Assim, para formar professores é necessário "compreender a importância do papel da docência, propiciando uma profundidade científico-pedagógica que os capacite a enfrentar questões fundamentais da escola como instituição social, uma prática social que implica ideias de formação, reflexão e crítica". (VEIGA, 2006, p. 469).

Conforme vimos, a autora coaduna com as proposições do movimento dos educadores representado pela ANFOPE e entidades parceiras, pois defende uma concepção ampla de docência enquanto teoria e prática diferente do modelo tecnicista, em que o professor se limitava apenas a ministrar suas aulas, ou seja, aplicar conteúdos teóricos prontos e acabados, construídos sem a participação do educando, portanto, sem a interferência de valores e culturas, sem considerar a bagagem de conhecimentos do aluno. Assim, podemos destacar que o conceito de docência defendido pelo movimento dos educadores diz respeito à ampliação das responsabilidades que o professor deverá assumir na escola: de ser partícipe do gerenciamento da sala de aula e da escola, além de produzir conhecimentos sobre e na sua prática profissional, o que atenderia às demandas de um profissional flexível e polivalente, capaz de se adaptar a um processo constante de "aprender a aprender".

Nesse sentido, a ANFOPE tem representado um espaço de debate a respeito do formato do curso de formação de Pedagogia e da formação do perfil de pedagogo, na contemporaneidade. A Associação defende "a reformulação dos cursos de formação de professores como processo constante e contínuo, próprio ao desenvolvimento dos conhecimentos científicos e tecnológicos e das demandas socioculturais" (ANFOPE, 2010, p. 14).

Consideramos importante destacar que a formação de professores em geral, bem como do pedagogo, tomou novos rumos com as reformas educacionais efetivadas na década de 90. Nesse período, efetivaram-se inúmeras mobilizações, manifestações, encontros, reuniões e conferências visando à proposição de uma formação confrontadora às orientações instituídas, consubstanciando-se no Movimento Nacional dos Educadores, com vistas a repensar a realidade social e educacional, na perspectiva de sua transformação. A principal pauta destes movimentos sociais era a formação dos profissionais da educação de todas as licenciaturas. Em relação ao curso de Pedagogia, Peternella e Galuch (2012, p. 5) afirmam que se destacavam a fragmentação do processo formativo do pedagogo e a determinação do currículo mínimo, ao qual o movimento se contrapunha, visando à redefinição e à busca do perfil dos cursos ao defender a docência como base da formação e do perfil de todo educador. Para as autoras,

> [...] a trajetória de embates, negociações, concessões e audiências públicas junto ao CNE, os encontros, seminários e reuniões, culminaram com a elaboração de documentos propositivos para as DCN de Pedagogia, entre os anos de 1998 e 2005 (PETERNELLA; GALUCH, 2012, p. 5).

Nesse contexto de mudanças, a "ANFOPE se consagrou como espaço de organização, representação e formação do pedagogo ao defender a docência como base de identidade de todo profissional da educação" (ANFOPE, 2011, p. 9).

A ANFOPE defende, ainda, que somente com a sólida formação teórica sobre o fenômeno educativo se criam as possibilidades de uma análise crítica sobre a sociedade brasileira e a realidade educacional. Para a ANFOPE (2011, p. 11), "intervir nos múltiplos processos de formação humana significa agir sobre a realidade social e sobre o fenômeno educativo nas suas múltiplas manifestações: econômicas, históricas, sociais e políticas". Portanto, a formação do pedagogo requer um tipo de pensamento que transita do geral ao particular e desse retorna para o geral, num processo dialético, de análises e sínteses.

Dessa forma, para a ANFOPE, a compreensão do perfil profissional do pedagogo exige o conhecimento do contexto histórico que envolve todo o processo de sua construção. Para tanto, a proposta de formação de professores, defendida pela Associação, é que ela ocorra dentro de uma perspectiva crítica, com conexão teórico-prática, tendo como embasamento a concepção sócio-histórica.

2.3 COMPREENDENDO O PERFIL PROFISSIONAL DO PEDAGOGO

Neste item vamos nos ater de forma mais específica às contribuições da ANFOPE para a formação do perfil do pedagogo, abordando a concepção de formação do pedagogo a partir de alguns documentos oficiais. Refletir sobre essa temática não é uma tarefa fácil, considerando a complexidade que envolve o perfil profissional do pedagogo devido às várias concepções que fundamentam a formação deste profissional da educação.

Discorrer a respeito das diretrizes que orientam os cursos de Pedagogia responsáveis pela formação do perfil do pedagogo, na atual conjuntura política e econômica, permeada pelo sistema capitalista neoliberal, é importante para que possamos compreender as nuances e intenções que promovem e fundamentam as diversas concepções de formação do pedagogo e o formato curricular dos cursos de Pedagogia. Brzezinski (1996, p. 182) considera que "os cursos de formação necessitam ter clareza acerca do campo específico de atuação do profissional na sociedade ampla e diversificada, para que ele seja capaz de compreender os embates sociais de sua contemporaneidade". Tal clareza permite conferir certo perfil ao curso de Pedagogia, desde que articulada a outros fatores.

De fato, a educação brasileira sofre influência não somente de autores internacionais, como de organismos, como o Banco Mundial, Unicef, Unesco, Consenso de Washington, que ditam as regras para a economia, para a política e que, consequentemente, acabam influenciando ideologicamente a educação e o modelo de formação tanto do pedagogo como dos demais profissionais da educação e das diferentes profissões.

Conforme explica Silva (1999, p. 95),

> Os Estados Unidos se afirmaram como inteligência mundial após a II Guerra Mundial, efetivando a criação de organismos transnacionais (FMI - 1944, BIRD - 1944, ONU - 1945, CEPAL - 1948, UNESCO - 1948, dentre outras), os quais passaram a comandar e a hierarquizar o poder, bem como a redefinir forças políticas e econômicas condutoras dos projetos de desenvolvimento para os Estados capitalistas periféricos. No comando da construção da ordem capitalista e valendo-se dos poderes no interior do Banco Mundial e do FMI, os Estados Unidos pressionaram os Estados devedores a aderirem a suas políticas macroeconômicas e a reformas institucionais.

Dessa forma, os países em processo de desenvolvimento, em específico o Brasil, sofreram interferências e direcionamentos ideológicos, políticos e econômicos destes organismos internacionais, que influenciaram fortemente as políticas educacionais, principalmente durante o governo neoliberal de Fernando Henrique Cardoso, e que ainda continuam de certa forma influenciando.

Cunha (2006, p. 13) tece uma crítica sobre os modelos educacionais adotados:

> A complexidade do contexto dos finais dos séculos XX e início do século XXI, marcado pelas ideologias neoliberais e posições conservadoras, induziu à reorientação dos sistemas educacionais, na perspectiva de fazer valer o mercado como eixo das definições políticas nesse campo. Procurou-se uma pedagogia que, sofrendo influências desse processo, vivesse

metamorfoses no sentido de assumir sua condição de parceria dos processos produtivos, como primeiro compromisso educativo. [...] o momento histórico que hoje vivemos tem se caracterizado por uma pressão das políticas neoliberais, instituidoras de uma ideologia reproduzida pelos governos e utilizadas como fonte de seus planejamentos e ações. Esse movimento tem exercido uma forte influência na organização filosófica e pedagógica das universidades.

O curso de Pedagogia, de certa forma, também sofreu as influências ideológicas e políticas; desde o seu nascimento sempre foi permeado de controvérsias, embates ideológicos e de muitos debates por parte dos atores envolvidos no processo formação do pedagogo. Esses debates, de certa forma, têm contribuído na construção do perfil do pedagogo. Diante disso, é mister deixar de lado as divergências e caminhar no sentido de fortalecer uma concepção epistemológica de formação que venha contribuir para a formação humana, para as transformações sociais e culturais da nossa sociedade. Para Tardif (2007, p. 23),

[...] o conhecimento do trabalho dos professores e o fato de levar em consideração os seus saberes cotidianos permite renovar nossa concepção não só a respeito da formação deles, mas também de suas identidades, contribuições e papéis profissionais.

A formação docente, portanto, necessita levar em conta como vivem os seus sujeitos, entendendo-os como seres históricos e sociais. Os professores são profissionais portadores de saberes plurais e heterogêneos que se articulam e se mobilizam durante sua prática pedagógica.

A educação está inserida em todos os contextos sociais; ela é considerada um processo de formação humana em que indivíduos criam padrões de comportamentos, saberes, adquirem hábitos de vivência, isto é, consiste em uma ação transformadora sobre o indivíduo. Corroborando com essa ideia, Libâneo (2001, p. 24) evidencia que:

A educação associa-se ao processo de comunicação e interação, pelos quais os membros de uma sociedade assimilam saberes, habilidades, técnicas, atitudes, valores existentes no meio culturalmente organizado e, com isso, ganham o patamar necessário para produzir novos saberes a partir daqueles já adquiridos.

É pertinente observar que a concepção de educação adotada pela ANFOPE fora a mesma expressa pelo Conselho Nacional de Educação (CNE), que compreendeu a educação escolar como fundamental no desenvolvimento das pessoas e da sociedade, sendo um dos elementos essenciais para favorecer as transformações sociais necessárias (BRASIL, PARECER CNE/CP 9/2001, p. 8).

Desse modo, a educação escolar é percebida como fator essencial para se promover transformações sociais, cabendo ao educador papel preponderante, e a Pedagogia tem sido amplamente analisada como tema relevante nos processos de formação de professores, por ter a educação como objeto de estudo. Assim sendo, entendemos que é possível, sim, perceber que a educação articula constantemente a teoria com a prática, ou seja, o indivíduo e sua interação com o meio. Nesse caso, a ideia é de que, entre a teoria e a prática, se estabelece um processo de educação por meio do qual se desenvolvem ações concretas e efetivas. Como são as ações educativas que têm o objetivo de inserir os sujeitos no contexto culturalmente organizado, entende-se que essa seja a tarefa da educação, portanto, realizada pelos profissionais da educação e, mais especificamente, da Pedagogia. O autor Visalberghi (1983 *apud* LIBÂNEO, 2007, p. 65) "emprega o termo 'pedagogia' para denotar o complexo de conhecimentos referentes ao fenômeno educativo visando a uma 'aproximação global' aos problemas educativos".

Diante do exposto, observa-se que é necessário a estes profissionais não somente conhecer teorias e práticas que pautam o seu trabalho, mas, sobretudo, compreender e refletir sobre o seu papel e seu compromisso social, que ultrapassa a sala de aula. Por outro lado, o pedagogo, visto por excelência, como um profissional que contribui de maneira significativa com o campo educacional no espaço escolar, na contemporaneidade vem gradativamente ocupando outros espaços

TRAÇANDO O PERFIL PROFISSIONAL DO PEDAGOGO POR MEIO DOS DOCUMENTOS
DA ANFOPE: ENRIQUECENDO O CAMPO DA PEDAGOGIA

não escolares, o que sugere maior investimento na formação profissional, sempre buscando novos referenciais para qualificar sua ação e atuar de forma dinâmica, consciente e responsável. A esse respeito, Franco, Libâneo e Pimenta (2007, p. 73) ressaltam que:

> O discurso da Pedagogia está em alta nos meios políticos, empresariais, profissionais, comunicacionais e em movimentos da sociedade civil. Observa-se expressiva movimentação na sociedade, mostrando uma ampliação do campo do educativo com a consequente repercussão na busca de novas formas de ação pedagógica.

Pelos motivos elencados, verifica-se que a Pedagogia integra a estrutura de outros cursos universitários, com a missão de formar profissionais considerando as exigências do mundo contemporâneo. De qualquer modo, o fato é que, na atualidade, o pedagogo é chamado a atuar em diversos campos de trabalho, definidos como espaços escolares e não escolares, ou seja, para além dos espaços escolares. Em outras palavras, hoje o pedagogo está sendo convidado a atuar em outras instituições sociais, tais como: empresas, sindicatos e hospitais, estabelecimentos em que práticas educativas também podem ser desenvolvidas.

Diante do exposto, compreende-se que, na atualidade, a função do pedagogo vai para além da esfera escolar e ganha espaço de atuação em outras áreas, visto que o processo de ensino aprendizagem se dá em diferentes espaços, nos quais a atuação do educador se faz indispensável, já que a formação humana se dá em qualquer espaço, escolar ou não escolar; por isto, vários setores profissionais (empresas, hospitais, centro de eventos, hotelaria, espaços de lazer, sindicatos) abrem espaços para o pedagogo que esteja preparado para lidar com a prática pedagógica sistematizada ou não, ampliando o campo de atuação deste profissional. Carneiro e Maciel (2006, p. 2) dizem que, nessa perspectiva, "as referências e reflexões sobre as diversas formas e meios de ação educativa deverão também constar do rol de atribuições de um pedagogo, e, mais que isto, referendar seu papel social transformador".

É preciso esclarecer que, atualmente, ocorrem ações pedagógicas em todas as esferas da sociedade, não apenas na família e na escola, mas também a partir dos meios de comunicação, nos movimentos sociais e em outros grupos humanos organizados, e principalmente nas organizações não escolares, o que reafirma o pedagogo na posição de agente transformador. Com relação à Resolução CNE/CP n.º 1, de 15 de maio de 2006, esta define que as atribuições do pedagogo compreendem atividades docentes, mas também compreendem a participação na organização e gestão de sistemas e instituições. Dentre as principais atribuições do pedagogo definidas na referida Resolução estão:

> O Planejamento, execução, coordenação, acompanhamento e avaliação de projetos e experiências educativas não escolares; a produção e difusão do conhecimento científico-tecnológico do campo educacional, em contextos escolares e não-escolares. (BRASIL, 2006, Art. 4º, Parágrafo Único).

Dessa forma, considerando-se que o perfil do pedagogo abarca, na contemporaneidade, diversos campos de atuação, faz-se necessário que este profissional seja adequadamente capacitado para exercer suas funções. No entanto, para compreender esse novo perfil exigido para atuar como pedagogo nas diversas áreas afins, é importante conhecer os diversos contextos históricos que envolvem as teorias que delinearam a construção do seu perfil profissional.

As Diretrizes Curriculares Nacionais (DCNs) para o curso de graduação em Pedagogia, licenciatura, definem os princípios e as condições de ensino e de aprendizagem, procedimentos a serem observados em seu planejamento e avaliação, pelos órgãos dos sistemas de ensino e pelas instituições de educação superior do país, responsáveis pela formação do pedagogo. Essa Resolução especifica qual é a função do curso de Pedagogia, bem como a atuação do pedagogo nos diferentes níveis de ensino, conforme a descrição do artigo a seguir.

> Art. 2º As Diretrizes Curriculares para o curso de Pedagogia aplicam-se à formação inicial para o exercício da docência na Educação Infantil e nos

anos iniciais do Ensino Fundamental, nos cursos de Ensino Médio, na modalidade Normal, e em cursos de Educação Profissional na área de serviços e apoio escolar, bem como em outras áreas nas quais sejam previstos conhecimentos pedagógicos. (BRASIL, 2006, p. 1).

Esse documento integra em seu bojo diversas reflexões sobre o perfil do pedagogo, bem como apresenta um leque de orientações que fundamentam e orientam a formação deste profissional com base na docência e com a possibilidade de formação em gestão para atuar tanto no espaço escolar como em espaços não escolares.

De acordo com teóricos da área, o perfil profissional do pedagogo começou a ser delineado, no Brasil, em um contexto histórico de lutas contra a Ditadura Militar e imposições do Conselho Nacional de Educação (CNE). Entre eles, Brzezinski (2011, p. 16) afirmam que

Em 1978 por ocasião do 1º Seminário de Educação Brasileira realizado em Campinas/SP educadores reivindicavam a liberação das amarras do currículo mínimo da formação de professores imposto pelo Conselho Federal de Educação e o reconhecimento do curso de pedagogia como formador de professores, na época alvo de críticas deste mesmo órgão.

Mais tarde, em 1983, conforme já mencionado, o Ministério da Educação e Cultura promoveu um Encontro Nacional, em Belo Horizonte (MG), onde foi aprovado um documento com o apoio de diversas entidades propondo a reformulação dos cursos de formação do educador. O referido documento estabelecia princípios gerais convergentes às reivindicações defendidas no processo de elaboração da Constituição Federal de 1988 e da Lei de Diretrizes e Bases da Educação Nacional (BRZEZINSKI, 2011, p. 18).

Nos Encontros Nacionais da categoria, realizados em 1986 e 1988, tais princípios foram fortalecidos e, em 1989, discutida a questão da formação do educador em nível superior. Um ano mais tarde, em 1990, durante o Quinto Encontro Nacional, organizado pela ANFOPE, definem-se os princípios gerais dos movimentos em prol da construção da formação do perfil do pedagogo, estabelecendo, dentre outros, que:

> A formação inicial deverá ser sempre presencial e em nível superior, e a continuada devem ser examinadas de forma contextualizada na sociedade brasileira ainda marcada pela permanência de desigualdades sociais; A reformulação dos cursos de formação de professores como processo constante e contínuo, próprio ao desenvolvimento dos conhecimentos científicos e tecnológicos e das demandas socioculturais e a superação do caráter fragmentário e dicotômico da formação do pedagogo e dos demais licenciandos, que se materializa na organização curricular, reafirmando a docência como base da identidade de todos os profissionais da educação. A proposta da Base Comum Nacional como matriz para a formação de todos os profissionais da educação, tendo em vista as seguintes diretrizes curriculares norteadoras dos diversos cursos de pedagogia, e outras licenciaturas. (BRZEZINSKI, 2011, p. 20).

A partir desse desenho, os principais marcos legais que delinearam a construção do perfil do pedagogo são: Constituição da República Federativa do Brasil, de 1988, que assegura a educação, como "direito de todos e dever do Estado e da família, será promovida e incentivada com a colaboração da sociedade". A CF/1988 enfatiza que a educação deve visar ao pleno desenvolvimento da pessoa, seu preparo para o exercício da cidadania e sua qualificação para o trabalho (BRASIL, CF/1988, Art. 205). Isto requer do pedagogo uma formação ampla.

A Lei n.º 9.394/96, em seus artigos 61, 62, 63 e 64, prima pela formação dos profissionais da educação e pela valorização do profissional da educação escolar por meio da formação superior. O ensino aprendizagem deverá ser oferecido em condições de oportunidades com liberdade de aprender, ensinar, pesquisar e divulgar a cultura, o pensamento, a arte e o saber a partir da valorização da experiência extraescolar, considerando a vinculação entre a educação escolar, o trabalho e as práticas sociais.

TRAÇANDO O PERFIL PROFISSIONAL DO PEDAGOGO POR MEIO DOS DOCUMENTOS
DA ANFOPE: ENRIQUECENDO O CAMPO DA PEDAGOGIA

Quanto à formação específica do pedagogo, a LDB dá prioridade para a formação com foco maior nas questões referentes à gestão escolar do que na docência, conforme podemos observar na redação contida no Art. 64º que diz:

> A formação de profissionais de educação para administração, planejamento, inspeção, supervisão e orientação educacional para a educação básica, será feita em cursos de graduação em pedagogia ou em nível de pós-graduação, a critério da instituição de ensino, garantida, nesta formação, a base comum nacional. (BRASIL, 1996, p. 23).

Percebe-se que a formação a ser ofertada aos docentes pelas instituições citadas não é uma formação específica para formar pedagogos, e sim para formar licenciados que poderão atuar na educação infantil e nas séries iniciais. A impressão que se tem é de que a LDB enfraqueceu a proposta de formação específica para os pedagogos e, consequentemente, dos cursos de Pedagogia. É claro que a proposta de formação referendada pela LDB desagradou muitos educadores, gerando muitos debates e embates com as instituições oficiais que, por meio de leis e resoluções, impunham concepções de formação contrárias àquelas defendidas pelo Movimento de Educadores ligados à ANFOPE e a outras organizações civis que, em conjunto, por meio de debates, encontros, estudos, reflexões criaram novas propostas, encaminhando-as ao Conselho Nacional de Educação (CNE).

O Plano Nacional de Educação (Lei n.º 10.172/2001), especialmente no item IV, trata da formação de professores para a educação básica, da valorização do magistério e formação continuada como requisitos para melhoria da qualidade do ensino. O Parecer CNE/CP n.º 9/2001, por sua vez, define as Diretrizes Curriculares Nacionais para a Formação de Professores da Educação Básica, em nível superior, curso de licenciatura, de graduação plena. Afirmando que a proposta de Diretrizes Nacionais para a formação de professores para a educação básica brasileira busca, também, construir sintonia entre a formação de professores, os princípios prescritos pela Lei de Diretrizes e Bases da Educação Nacional (LDBEN), as normas instituídas nas Diretrizes Curriculares Nacionais para a Educação Infantil, para o ensino fundamental e para o ensino médio, e suas modalidades, bem como, as recomendações constantes dos Parâmetros e Referenciais Curriculares para a Educação Básica, elaborados pelo Ministério da Educação (BRASIL, CNE, 2001, p. 5).

Esse Parecer concebe a educação escolar como tendo um papel fundamental no desenvolvimento das pessoas e da sociedade, sendo um dos elementos essenciais para favorecer as transformações sociais necessárias. Além disso, as transformações científicas e tecnológicas, que ocorrem de forma acelerada, exigem das pessoas novas aprendizagens, não somente no período de formação, mas ao longo da vida, por meio da formação continuada (BRASIL, PARECER CNE/CP 9/2001, p. 8).

Pode-se afirmar que tanto o perfil do pedagogo como o formato do curso de Pedagogia não estão cristalizados e nem podem estar, devido às constantes mudanças e transformações que ocorrem na sociedade. Para tanto, a Pedagogia precisa estar conectada com a sociedade e com o momento histórico a fim de dar sua contribuição social. Rever, discutir e ressignificar o papel do pedagogo e do curso de Pedagogia, periodicamente, é necessário para que estes atendam às exigências educacionais e sociais.

> O conjunto de formulações sobre o curso de Pedagogia, construído em cada momento histórico e até o momento, respondeu, às necessidades e exigências postas pela realidade da escola e da educação básicas e dos processos formativos, tendo como referência a responsabilidade social deste profissional no contexto de uma sociedade excludente e profundamente injusta. Estas necessidades não se extinguiram, pelo contrário, se aprofundaram, trazendo-nos um quadro perverso da educação básica em nosso país, que exige a formação de pedagogos cada vez mais sensíveis à solicitação do real mas não limitados a ele, profissionais que possam cada vez mais, em um processo de trabalho intelectual, criar novas alternativas às exigências de formação e de organização da

escola básica, **produzindo e construindo novos conhecimentos,** que contribuam para a formação e emancipação humanas de nossos adultos, nossa infância e nossa juventude. (ANFOPE, 2004, p. 4, grifo do autor).

A ANFOPE, enquanto organização que agrega profissionais da educação, tem contribuído muito no delineamento do perfil do pedagogo e na estruturação do curso de Pedagogia, conforme explica Silva (2006, p. 78):

> [...] a partir dos anos de 1990, a ANFOPE foi desenvolvendo ideais voltadas à estruturação global dos cursos de formação de educadores, envolvendo uma concepção de escola única como instância de formação, e contando, como apoio o entendimento que se foi fazendo a respeito da Base Comum Nacional.

Todos os encaminhamentos da ANFOPE junto às instâncias oficiais são resultantes de inúmeras vozes e pensamentos de diversos segmentos que comungam e convergem numa mesma direção quanto às Diretrizes para o curso de Pedagogia. Para a ANFOPE, a formação dos profissionais da educação, no curso de Pedagogia, constitui reconhecidamente um dos principais requisitos para o desenvolvimento da educação básica no país, daí a importância das Diretrizes Curriculares para este curso, formuladas por uma Comissão de Especialistas de Pedagogia, em um processo de participação democrática que agregou um conjunto de educadores de diferentes entidades comprometidas com a educação do país (ANFOPE, 2004 p. 7).

No entendimento dos representantes da ANFOPE, a concepção de profissional da educação é fundamental para a compreensão contextualizada do espaço formativo do pedagogo no curso de Pedagogia. Ainda colocam que o eixo da sua formação é o trabalho pedagógico, escolar e não escolar, que tem na docência, compreendida como ato educativo intencional, o seu fundamento. Para Manrique (2008, p. 215), a formação inicial de professores é, então, entendida como uma tarefa que pode propiciar novas soluções, novas discussões e novos problemas, porém é importante esclarecer que procurar esse equilíbrio não significa eliminar as tensões, mas, sim, enfrentá-las, desafiá-las e conviver com elas.

Para a ANFOPE, é a ação docente o fulcro do processo formativo dos profissionais da educação, ponto de inflexão das demais ciências que dão o suporte conceitual e metodológico para a investigação e a intervenção nos múltiplos processos de formação humana. Para os autores da tese, a docência constitui o elo articulador entre os pedagogos e os licenciados das áreas de conhecimentos específicos, abrindo espaço para se pensar e propor uma concepção de formação articulada e integrada entre professores. A Associação assume, assim, a docência no interior de um projeto formativo e não numa visão reducionista de um conjunto de métodos e técnicas neutros, descolado de uma dada realidade histórica. Uma docência que contribui para a instituição de sujeitos (ANFOPE, 2004, p. 7).

De acordo com a Associação, uma sólida formação teórica e interdisciplinar sobre o fenômeno educacional e seus fundamentos históricos, políticos e sociais, bem como o domínio dos conteúdos a serem ensinados pela escola; unidade entre teoria e prática que resgata a práxis da ação educativa; gestão democrática como instrumento de luta pela qualidade do projeto educativo; compromisso social do profissional da educação, com ênfase na concepção sócio-histórica de educador; trabalho coletivo e interdisciplinar propiciando a unidade do trabalho docente; incorporação da concepção de formação continuada; e avaliação permanente dos processos de formação (ANFOPE, 2004, p. 7).

A Associação defende, ainda, que o curso de Pedagogia forma o profissional de educação para atuar no ensino, na organização e gestão de sistemas, unidades e projetos educacionais e na produção e difusão do conhecimento, em diversas áreas da educação; é, ao mesmo tempo, uma licenciatura e um bacharelado. Aponta para a amplitude e possibilidades oferecidas pelo curso de Pedagogia, cabendo às instituições formadoras fazerem o recorte, de escolher e verticalizar as áreas priorizadas nos seus projetos pedagógicos.

Ressalta-se, ainda, que, na complexidade do mundo da escola, o educador deve ser capaz de exercer a docência e tantas outras práticas que em sua formação acadêmica teve a oportunidade de pesquisar e discutir coletivamente. Reconhece-se que não existe apenas uma alternativa de formação e sim inúmeras, que vêm sendo construídas nas IES e que não servem de modelo, mas de oportunidade para melhor efetivação de outros cursos, onde quer que se localizem. Nesse sentido, a instituição formadora deve indicar, em seu projeto pedagógico, o foco formativo do curso de Pedagogia, considerando as condições institucionais, locais e regionais.

Em relação à estrutura curricular dos cursos de Pedagogia, ela deve atentar para a necessária diversidade no âmbito nacional, e deverá abranger: (i) um núcleo de conteúdos básicos, articuladores da relação teoria e prática, considerados obrigatórios pelas IES; (ii) tópicos de estudo de aprofundamento e/ou diversificação da formação; (iii) estudos independentes.

Quanto ao papel de atuação profissional, a proposta da ANFOPE é que ele atue nas seguintes áreas:

> Docência na Educação Infantil, nas Séries Iniciais do Ensino Fundamental (escolarização de crianças, jovens e adultos; Educação Especial; Educação Indígena) e nas disciplinas pedagógicas para a formação de professores; Organização de sistemas, unidades, projetos e experiências escolares e não escolares; Produção e difusão do conhecimento científico e tecnológico do campo educacional; Áreas emergentes do campo educacional. (ANFOPE, 2004, p. 8).

Na perspectiva definida pelo movimento de educadores e reafirmada pela ANFOPE, a educação deve ser crítica, pautada na concepção sócio-histórica de educador, cabendo a este não apenas a função de educador, mas, sobretudo, de articulador entre a concepção sócio-histórica e a realidade atual.

> Na perspectiva de uma educação crítica, deve-se também reafirmar a concepção sócio histórica de educa-

dor, definida pelo movimento de educadores e pela ANFOPE, de formação do profissional de educação de caráter amplo, com pleno domínio e compreensão da realidade de seu tempo, com consciência crítica que lhe permita interferir e transformar as condições da escola, da educação e da sociedade, um educador que enquanto profissional de ensino tenha a docência como base da identidade profissional, domina o conhecimento específico, da sua área, articulado ao conhecimento pedagógico, em uma perspectiva de totalidade do conhecimento socialmente produzido que lhe permita perceber as relações existentes entre as atividades educacionais e a totalidade das relações sociais, econômicas, políticas e culturais em que o processo educacional ocorre, sendo capaz de atuar como agente de transformação da realidade em que se insere. (FREITAS, 1999, p. 30).

Conforme pontuado por Freitas (1999), podemos perceber que a ANFOPE defende o fortalecimento da Base Comum Nacional (BCN) não somente como um instrumento de defesa contra a precarização do trabalho docente, mas sobretudo como de valorização do profissional da educação. A ANFOPE reafirma tais princípios no documento produzido em 1998, ao indicar as diretrizes para formação dos profissionais da educação para atuar na educação superior, fortalecendo a necessidade de se repensar as estruturas de faculdades e a organização dos cursos de formação em seu interior, na tentativa de superar a fragmentação entre as habilitações do curso de Pedagogia e a dicotomia entre a formação dos pedagogos e dos demais licenciados, considerando-se a docência como base da identidade de todos os profissionais da educação (ANFOPE, 1998).

Diante do exposto até aqui, percebemos que, apesar da evolução nos paradigmas educacionais, muito ainda necessita ser feito para que, de fato, a educação brasileira possa evoluir na perspectiva dos movimentos sociais de educadores, bem como das entidades que defendem uma formação sólida para os cursos de Pedagogia, de modo a garantir uma educação reflexiva e crítica à sociedade, o que sugere a necessidade de implementação nas políticas públicas no sentido de estabelecer parâmetros nacionais, inclusive padronização nos procedimentos e instrumentos para contratação de profissionais da educação, em todos os níveis.

2.4 POLÍTICAS CURRICULARES PARA O CURSO DE PEDAGOGIA E FORMAÇÃO DO PEDAGOGO

Compreender as implicações das reformas educacionais para a formação docente implica em dizer o que estamos entendendo por política. Para tanto, recorreu-se a alguns autores para desenvolver este conceito e melhor compreendermos como foi e vem sendo construído o currículo do curso de Pedagogia para a redefinição do perfil do pedagogo desde o seu surgimento no Brasil.

Entendemos dessa forma que, no que se refere à teorização sobre política curricular, muitas significações se entrecruzam com as teorias e as perspectivas que fazem correspondência e que vinculam o currículo ao poder, à estrutura econômica, à ideologia e à hegemonia, pois, historicamente, a constituição do campo do currículo sempre esteve fortemente associada à história e produções de conceitos da área educacional. A esse respeito, Lopes e Macedo (2011, p. 20) afirmam que "[...] estudos históricos apontam que a primeira menção ao termo currículo data de 1633, quando ele aparece nos registros da Universidade de Glasgow referindo-se ao curso inteiro seguido pelos estudantes".

Compreendemos, ainda, que estes conceitos foram ideologicamente, culturalmente e intelectualmente assinalados pelo mesmo viés que constituiu o colonialismo da nossa sociedade, oriundos de um conceito eurocêntrico de currículo que se desenvolveu no ocidente, adensado das mesmas peculiaridades que marcam as formas fragmentárias e alienantes de produção da vida humana na sociedade capitalista (THIESEN, 2012). Isto posto, podemos entender que o discurso e a construção curricular no mundo e no Brasil não se deram sob uma única ideologia, mas com influência de tendências, objetivos e interesses diferentes.

Nessa direção, os estudos realizados por Ball (1994, p. 16) enfatizam que as políticas podem ser vistas como:

> [...] representações que são codificadas de formas complexas (através de lutas, compromissos, interpretações de autoridade pública e reinterpretações) e decodificadas de maneiras complexas (através de interpretações e significados de atores em relação com suas histórias, experiências destrezas, recursos e contexto).

Para esse autor, os significados construídos sobre o conceito de política interferem na forma de pesquisá-la e na interpretação dos dados encontrados nesse percurso. Em seus estudos, Ball (1994) admite a existência de duas concepções indissociáveis de política: política como texto e política como discurso. Entretanto, para o presente estudo foi feito um recorte em que trabalhamos apenas com o conceito da política como texto. Dessa forma, os textos da política, tais como documentos, leis, normativas, entre outros, são acessados pelas instituições e carregam uma trajetória marcada por embates, interpretações e intensões desde sua formulação.

Nas palavras de Lopes (2004, p. 111),

> [...] as políticas curriculares são constituídas por propostas, como documentos escritos, porém, também elas são constituídas por práticas curriculares que são planejadas, vivenciadas e recriadas num movimento dinâmico e que se relacionam entre si, envolvendo diversos espaços, tempos e sujeitos. Dessa forma, política curricular também é entendida como política cultural, na medida em que envolve a negociação e a seleção de saberes, valores e sentido.

Diante dessa presunção, o currículo não é neutro, mas intencional, ele é uma produção que resulta de uma construção mediada no contexto das relações sociais. Corroborando com essa ideia, Sacristán (2000, p. 9) destaca que:

> [...] os currículos são a expressão do equilíbrio de interesses e forças que gravitam sobre o sistema

> educativo num dado momento, enquanto que através deles se realizam os fins da educação no ensino escolarizado. Por isso, querer reduzir os problemas relevantes do ensino à problemática técnica de instrumentar o currículo supõe uma redução que desconsidera os conflitos de interesses que estão presentes no mesmo.

Considerando que, desde a sua criação, em 1939, o curso de Pedagogia vem sofrendo mudanças e reformulações, principalmente na questão curricular, que visam atender aos objetivos das políticas educacionais normatizadas pela legislação brasileira, principalmente a partir da década de 90; entende-se a relevância de se compreender o significado de reforma, para uma melhor interpretação das políticas voltadas para este curso, bem como o entendimento de como se consolidou o movimento da ANFOPE para a formação do perfil do pedagogo.

Para compreendermos essas questões, é importante, antes, elucidar alguns conceitos fundamentais, pois não é possível discutir políticas curriculares para o curso de Pedagogia sem entendermos o significado de reforma.

De acordo com Oliveira (2009, p. 69), "[...] o campo do currículo tem tomado a reforma como objeto de estudo, porém se o uso do termo é de domínio comum, o é indiscriminadamente, pois, pouco se discute seu significado". Para a autora, nas pesquisas que problematizam políticas curriculares "[...] necessita-se expor com clareza o significado de reforma com o qual operam os pesquisadores e que, por conseguinte, orientam as pesquisas no campo de currículo" (OLIVEIRA, 2009, p. 69).

Ao problematizar o significado de reforma nos textos de uma política de currículo, Oliveira (2009, p. 72) destaca que a reforma

> [...] deve ser compreendida como uma prática que estabelece prioridades e posições para os protagonistas de uma política de currículo, no caso, a política de currículo para o curso de pedagogia. Este significado tira o Estado do protagonismo central da reforma

do curso de pedagogia, consubstanciada nas DCN; e, portanto, tira, também, os autores, co-autores e interlocutores dos textos que dão corpo à reforma, do papel de co-adjuvantes.

Com essa compressão de reforma, podemos afirmar que as reformas educativas, no Brasil, tomaram corpo e se materializaram por meio dos processos de descentralização do Estado. Contudo, apesar do Ministério da Educação (MEC) garantir alguns espaços democráticos para discussões de políticas educacionais com as entidades que se posicionaram em defesa das demandas e interesses de base da formação do pedagogo, as reinvindicações nem sempre foram legitimadas, visto que mesmo com a publicação das Diretrizes Curriculares Nacionais para a Pedagogia (DCNP), estas representaram muito mais os interesses do MEC em manter as relações de poder, ou seja, de um Estado regulador, contraditórias à "proposição defendida pela ANFOPE, de um Estado democrático" (ANFOPE, 2012, p. 49), dificultando o avanço educacional.

Oliveira (2009, p. 76) destaca que "a reforma adquire significado no contexto de um conjunto de confrontos, embates e negociações entre os diferentes protagonistas da reforma de currículo do curso de Pedagogia". De acordo com a autora, esta não é uma produção apenas do Estado, ela é resultado de posições conflituosas entre diferentes projetos de Pedagogia, de currículo para formar pedagogos e de sociedades.

Diante do exposto, entendemos que, para discutirmos a reforma curricular no curso de Pedagogia, se faz necessário reunirmos elementos que nos ajudem a entender a conceituação de Pedagogia, atribuída pelos diferentes atores que protagonizaram o processo de produção das políticas curriculares. Sendo assim, vale destacar que este assunto representou campos conflituosos de relações de poder, tendo em vista a divergência de posicionamentos e concepções entre pesquisadores e entidades acadêmico-científicas que discutiram o campo da Pedagogia.

Nesse sentido, apresentaremos alguns conceitos trazidos por autores que defendem a Pedagogia como ciência da educação, a exemplo, Libâneo, Saviani e Mazzotti.

> [...] o campo do conhecimento que se ocupa do estudo sistemático da educação – do ato educativo, da prática educativa como componente integrante da atividade humana, como fato da vida social, inerente ao conjunto de processos sociais. (LIBÂNEO, 2001, p. 6).

Ao complementar, o autor diz que "Pedagogia diz respeito a uma reflexão sistemática sobre o fenômeno educativo, sobre as práticas educativas, para poder ser uma instância orientadora do trabalho educativo" (LIBÂNEO, 2001, p. 6). A Pedagogia enquanto ciência que se ocupa com a educação e com a formação humana traz, no seu bojo epistemológico, diversos conhecimentos que lhe permitem o fazer educativo voltado para formação humana.

Do mesmo modo, Saviani (2011, p. 102), ao abordar o conceito de Pedagogia, afirma que este é um processo pelo qual o homem se torna plenamente humano. Ele diferencia a Pedagogia geral da Pedagogia escolar, aponta que a geral envolve a noção cultural como um todo, tudo o que o homem constrói, e a Pedagogia escolar se refere ao saber sistematizado, estruturado a partir de métodos próprios, descobrindo processos pedagógicos, organizando metodologias, tendo como foco a assimilação de um conteúdo determinado historicamente.

Na opinião deste autor, a Pedagogia tem íntima relação com uma teoria da prática educativa, salientando que:

> Na verdade, o conceito de Pedagogia se reporta a uma teoria que se estrutura a partir e em função da prática educativa. A pedagogia, como teoria da educação, busca equacionar, de alguma maneira, o problema da relação educador-educando, de modo geral, ou, no caso específico da escola, a relação professor-aluno, orientando o processo de ensino e aprendizagem. (SAVIANI, 2011, p. 102).

O autor deixa claro também que, se toda Pedagogia é teoria da educação, nem toda teoria da educação é Pedagogia; exemplos são Sociologia da Educação, Filosofia da Educação e outras.

Já para Mazzotti (1996, p. 34), a Pedagogia é uma ciência da prática educativa fundamentada numa reflexão sistemática sobre a técnica particular: a educação. Salienta o autor que, ao não considerar a Pedagogia como ciência da prática educativa, se aceita que toda e qualquer prática humana se constitui em arte, pura e simplesmente.

Conforme visto, observamos que quando se trata da pedagogia como um campo de pesquisa acadêmico, não há consenso entre os pesquisadores. Enquanto temos autores que se posicionam numa perspectiva do pedagogo como cientista da educação — aquele que entende da educação, que concebe a educação como ciência que elucida a prática educativa — temos, por outro lado, pesquisadores que concebem e defendem a pedagogia na mesma perspectiva da ANFOPE, de forma mais ampla, na qual o trabalho pedagógico não se restringe às questões do ensino, mas envolve todo o processo educativo.

Dessa forma, para o desenvolvimento desta pesquisa, optamos pelo conceito de pedagogia, tendo como referência as autoras Beraldo e Oliveira (2010).

> [...] a Pedagogia não tem uma essência que nos permita adotar um conceito universal. [...] ela é concebida como um campo de disputas de projetos pedagógicos que representam interpretações e posicionamentos de diversos atores em relação à identidade, as finalidades e ao estatuto teórico e epistemológico adotado. (BERALDO; OLIVEIRA, 2010, p. 126).

Concordamos com a concepção expressa pelas autoras, de que "a Pedagogia não tem uma essência que nos permita adotar um conceito universal", assim como concordamos com a ANFOPE, ao definir a docência como base de formação do pedagogo.

TRAÇANDO O PERFIL PROFISSIONAL DO PEDAGOGO POR MEIO DOS DOCUMENTOS
DA ANFOPE: ENRIQUECENDO O CAMPO DA PEDAGOGIA

Contudo, entendemos que o conceito de Pedagogia está intimamente ligado à educação, se considerando que desde a antiguidade o conceito de pedagogo remetia às funções de educador. Contudo, a educação brasileira, no percurso de sua história, além de estar voltada para a formação das elites, sempre sofreu influência de concepções estrangeiras; sendo que cada concepção é pensada num contexto histórico, político e social para um fim específico.

Diante disso, consideramos importante compreendermos melhor o campo epistêmico da pedagogia, analisando as proposições da ANFOPE. Por essa razão, entre os documentos pesquisados para elaboração deste estudo, alguns aspectos em relação à construção do perfil do pedagogo podem ser destacados: pontos de convergências e de divergências, o que corrobora com o pensamento de Veiga (1996, p. 10), ao afirmar que "buscando a compreensão das relações sociais nas quais as instituições educativas constroem sua identidade e estão inseridas, a formação do Pedagogo passou a ser objeto de investigação".

Sobre a formação do pedagogo defendida pela ANFOPE, Brzezinski (1996, p. 181) explica que "a concepção de formação de profissionais da educação do curso de pedagogia adotada pela ANFOPE, requer uma dinâmica curricular que supõe um movimento progressivo, planejado, regular, sistemático, e intencional".

Para a entidade, a questão da formação do educador deve ser examinada de forma contextualizada a partir da realidade brasileira, da crise educacional pela qual o país vem passando; deve levar em conta as condições econômicas, políticas e sociais que configuram a nossa sociedade profundamente desigual e injusta, que vem esmagando a maioria da população e relegando-a a uma situação de exploração e miséria.

Percebe-se, assim, que a proposta da ANFOPE vem contrapor as propostas engessadas e de certa forma reducionistas defendidas nos documentos oficiais anteriores à Resolução CNE/CP 1, de 15 de maio de 2006.

3

DESAFIOS DO PEDAGOGO FRENTE ÀS DEMANDAS EDUCACIONAIS CONTEMPORÂNEAS

[...] é preciso continuar, é preciso pronunciar palavras enquanto as há, é preciso dizê-las até que elas me encontrem, até que me digam – estranho castigo, estranha falta, é preciso continuar, talvez já tenha acontecido, talvez já me tenham dito, talvez me tenham levado ao limiar de minha história, diante da porta que se abre sobre minha história, eu me surpreenderia se ela se abrisse.

(FOUCAULT, 2011, p. 6)

Um dos maiores desafios da educação atual é de conseguir acompanhar a fluidez das transformações sociais, culturais, tecnológicas, ambientais e científicas que vêm ocorrendo numa dinamicidade incrível na sociedade contemporânea. Essas mudanças exigem novas concepções epistemológicas no campo educacional, que nos ajudem a interpretar os fenômenos presentes na sociedade globalizada, por meio de novos métodos de ensino e práticas pedagógicas que deem conta de incorporar os novos paradigmas do conhecimento ao processo ensino aprendizagem, de maneira que seja possível oferecer uma educação de qualidade que venha ao encontro das demandas atuais e contribua para a formação de sujeitos críticos capazes de lutarem pelos seus direitos, contra a desigualdade, preconceito, e contribuírem para com as transformações sociais necessárias.

As mudanças também ocorrem no processo ensino aprendizagem, na organização do trabalho pedagógico no interior da escola, o que exige uma reorganização do trabalho pedagógico, por meio da ação direta dos professores, em específico do pedagogo que atua na base da pirâmide educacional, ou seja, nos anos iniciais da educação escolar. A respeito desse assunto, Gárcia e Porlán (2000, p.

22) destacam que "[...] os sujeitos aprendem mediante um processo aberto, especulativo e irreversível de reorganização contínua de seus sistemas de idéias".

Dessa forma, no entendimento da ANFOPE, se fez necessário rever o modelo de formação oferecida aos pedagogos e demais profissionais da educação, rever o papel da educação e da escola para fazer frente ao modelo de sociedade que estavam postos. Compartilhamos com Mészáros (2008, p. 9) a ideia de que "a educação não pode ser encerrada no terreno restrito da pedagogia, mas tem que sair às ruas, para os espaços públicos, e se abrir para o mundo". Com esse entendimento, podemos afirmar que o pedagogo deve estar preparado para oferecer uma educação para além do capital, isso implica pensar que a educação não deve preparar o indivíduo apenas para o mercado, mas para a vida.

3.1 ATUAÇÃO DO PEDAGOGO E SABERES NECESSÁRIOS

O pedagogo é um profissional cientista da educação capaz de definir que tipo de trabalho e quais os instrumentos necessários para a execução do fazer pedagógico nos diferentes espaços: escolares, empresariais, hospitalares, recreativos, área de comunicação, turismo, entre outros; neles o pedagogo atua de acordo com as demandas formativas dos sujeitos.

Apesar da definição das diretrizes para a formação e a construção do perfil do pedagogo por meio da organização curricular dos cursos de pedagogia, definir o perfil deste profissional é um tanto complexo, devido às controvérsias em torno de sua função, dos modelos curriculares dos cursos de formação, das intervenções políticas, sociais e institucionais que interferem na construção do perfil do pedagogo.

Compreender o papel do pedagogo no interior da escola e em outros espaços educativos demanda conhecimento histórico sobre a sua formação, das contradições sociais e dos contextos em que esse profissional está inserido; conforme explica Veiga (1997), a forma-

TRAÇANDO O PERFIL PROFISSIONAL DO PEDAGOGO POR MEIO DOS DOCUMENTOS
DA ANFOPE: ENRIQUECENDO O CAMPO DA PEDAGOGIA

ção profissional se dá num contexto de uma determinada forma de organização do trabalho pedagógico que, antes de ter uma origem em si mesma, preserva ligações muito fortes com a organização social mais ampla.

É evidente que o profissional pedagogo é substancial para articular o fazer pedagógico no interior da escola pública; pois ele é dotado de responsabilidades políticas, sociais e culturais no exercício de suas funções, constituindo peça fundamental como mediador no processo da realização das ações voltadas para o pedagógico e para a gestão escolar. A função desse profissional não se restringe aos espaços escolares, se estendendo para outros espaços, onde exerce diferentes práticas educativas, conforme previsto na DCNP, que deixa claro que a finalidade do curso de Pedagogia é a atuação deste nos diferentes níveis educacionais e na prática gestora nos espaços escolares e não escolares, que demandam conhecimentos pedagógicos; em suma, a função do pedagogo é ampla e bastante abrangente.

O pedagogo exerce um papel determinante no trabalho educativo, podendo tornar-se um agente de transformação responsável pelas mudanças por meio de suas contribuições sociais e participação efetiva. O papel do pedagogo está diretamente relacionado com a sua formação profissional. De acordo com Saviani (2007, p. 130),

> [...] um curso assim estruturado espera-se que irá formar pedagogos com uma aguda consciência da realidade onde vão atuar, com uma adequada fundamentação teórica que lhes permitirá uma ação coerente e com uma satisfatória instrumentação técnica que lhes possibilitará uma ação eficaz.

O perfil do pedagogo depende do contexto histórico e das transformações que ocorrem dinamicamente na sociedade; tanto a formação, como o papel a ser desempenhado por este profissional, são traçados de acordo com os interesses de diversos contextos da sociedade: econômico, político, social e cultural.

O professor-pedagogo tem sua função definida nas Diretrizes Curriculares Nacionais. O Art.13 regulamenta a sua atuação profissional com exclusividade à docência. De acordo com o texto, cabe ao docente pedagogo:

> 1°§. Participar da elaboração da proposta pedagógica do estabelecimento do ensino;
>
> 2°§. Elaborar e cumprir plano de trabalho, segundo a proposta pedagógica do estabelecimento de ensino;
>
> 3°§. Zelar pela aprendizagem dos alunos;
>
> 4°§. Estabelecer estratégias de recuperação para os alunos de menor rendimento;
>
> 5°§. Ministrar os dias letivos e horas-aula estabelecidos, além de participar integralmente dos períodos dedicados ao planejamento, à avaliação e ao desenvolvimento profissional;
>
> 6°§. Colaborar com as atividades de articulação da escola com as famílias e a comunidade. (LDB 9394/96; Art. -13; inciso I a VI).

Em linhas gerais, as DCNP orientam que o curso deve propiciar ao profissional da educação o conhecimento da totalidade dos fenômenos educativos. A formação do pedagogo deve possibilitar, por meio de investigação, reflexão crítica e experiência no planejamento, execução, avaliação de atividades educativas, a aplicação de contribuições de campos de conhecimentos, como o filosófico, o histórico, o antropológico, o ambiental-ecológico, o psicológico, o linguístico, o sociológico, o político, o econômico, o cultural.

O propósito dos estudos desse campo é nortear a observação, análise, execução e avaliação do ato docente e de suas repercussões, ou não, em aprendizagens, bem como orientar práticas de gestão de processos educativos escolares e não escolares, além da organização, funcionamento e avaliação de sistemas e de estabelecimentos de ensino.

TRAÇANDO O PERFIL PROFISSIONAL DO PEDAGOGO POR MEIO DOS DOCUMENTOS
DA ANFOPE: ENRIQUECENDO O CAMPO DA PEDAGOGIA

Uma formação sólida e abrangente possibilita a este profissional atuar no ensino, na gestão escolar e nos diferentes espaços não escolares, num contexto mais amplo das práticas sociais. Para desempenhar sua função com eficácia, o pedagogo necessita se apropriar de várias ferramentas pedagógicas, de diferentes saberes, dos conhecimentos didáticos, metodologias adequadas, currículos contextualizado, afetividade, concepções de aprendizagem, respeito para com a diversidade, entre outros saberes, conforme cita Freire (1996), em seu livro *Pedagogia da Autonomia*, saberes necessários à prática educativa. São muitos os saberes citados pelo autor, entretanto, citaremos alguns que consideramos imprescindíveis para o processo educativo: respeito aos saberes dos alunos, criticidade, pesquisa, reflexão crítica sobre a prática pedagógica, respeito à autonomia, bom senso, humildade e tolerância, curiosidade, comprometimento, diálogo e o reconhecimento de que a educação é ideológica, entre outros saberes.

Os saberes necessários para o desenvolvimento da profissão do professor pedagogo são adquiridos por meio da formação inicial e continuada, bem como são construídos no processo por meio das experiências vividas por estes no cotidiano. A reflexão crítica sobre as práticas, as aprendizagens que realizam e a (re)construção permanente do perfil profissional são importantes referências para a apropriação de novos saberes, permitindo que o pedagogo aprenda e desenvolva a sua competência profissional.

> A formação de professores é a área de conhecimentos, investigação e de propostas teóricas e práticas que, no âmbito da Didática e da Organização Escolar, estuda os processos através dos quais os professores – em formação ou em exercício – se implicam individualmente ou em equipe, em experiências de aprendizagem através das quais adquirem ou melhoram os seus conhecimentos, competências e disposições e que lhe permitem intervir profissionalmente no desenvolvimento do seu ensino, do currículo e da escola, com o objetivo de melhorar a qualidade da educação. (GARCÍA, 1999, p. 26).

O docente pedagogo necessita ser produtor de múltiplos saberes que apontam para uma prática educativa por parte do pedagogo, fundamentada na ética, na solidariedade e no compromisso social com os educandos e para com a sociedade. É indispensável que os saberes pedagógicos estejam vinculados com a prática e com a formação crítica do pedagogo, para que sua prática seja emancipatória. Pimenta (1999) explica que os saberes pedagógicos são construídos no fazer prático dos professores, porque a prática é rica em possibilidades para a construção da teoria. Para ela e para Freire, não há saberes pedagógicos previamente aprendidos que simplesmente são colocados na prática; os saberes são aprendidos e contextualizados na prática, para que, aí, então, façam parte do fazer do professor.

Para tanto é preciso que se criem condições para que o professor, de forma autônoma, construa os saberes necessários para sua prática educativa. Conforme explica Vagula (2005, p. 108),

> [...] se os saberes da prática dos professores precisam ser valorizados, é importante que se criem, por um lado, oportunidades para que atuem de forma autônoma, e, por outro, que desde sua formação inicial, enquanto profissional, possa lançar um novo olhar sobre a construção de seus saberes e das relações que estabelece com cada um, para que possa interligá-los.

O professor não sai pronto da academia, ele se faz professor na caminhada, conforme afirma Paulo Freire, e nessa caminhada ele vai construindo e aglutinando novos saberes pedagógicos. Para Freire (1996), a formação dos professores e das professoras deve levar em conta os saberes que fazem parte da realidade geográfica, social, econômica, ecológica dos educandos; para o autor, os professores devem procurar juntar o saber teórico-prático com a realidade concreta em que os professores trabalham, ajudando os alunos a entenderem o mundo e a realidade que os cerca com um olhar crítico.

Ao elencarmos alguns saberes fundamentais para o exercício da prática pedagógica do pedagogo, nos reportamos para a trajetória formativa deste profissional, que já teve seu perfil estruturado em diferentes momentos da história da educação brasileira; seu perfil

TRAÇANDO O PERFIL PROFISSIONAL DO PEDAGOGO POR MEIO DOS DOCUMENTOS
DA ANFOPE: ENRIQUECENDO O CAMPO DA PEDAGOGIA

era modelado conforme as necessidades educacionais impostas pelo sistema político e econômico de cada momento.

É notório e pertinente observar que os cursos de Pedagogia e a formação de pedagogos estão embasados num arcabouço de políticas públicas que sofrem influências externas, principalmente os que são ofertados em faculdades particulares, que seguem uma lógica mercantilista da educação. Muitos cursos são oferecidos em instituições privadas de forma aligeirada, com baixos custos, para atender a demanda social imediata. Conforme explicam os autores a seguir:

> [...] houve, assim em nosso país um acelerado crescimento de instituições que apresentam modalidades diversas de cursos de formação de professores e com diferentes propostas, como duração dos cursos, a redução das disciplinas e consequente estreitamento de conteúdos, a qualificação do corpo docente, as condições para docência, dentre outros. [...] diante do quadro de diversidade institucional para a formação de professores e considerando que apenas as universidades ficaram obrigadas a desenvolver pesquisas, o setor privado no país passa a crescer de forma desenfreada. (PASSOS; COSTA, 2008, p. 183).

Diante disso, percebe-se todo um movimento de educadores em torno das propostas concernentes à formação dos professores pedagogos, por entidades envolvidas no processo educativo, conhecedoras das necessidades e demandas educacionais, que não concordam com programas de formação conservadores, aligeirados, impostos pelas organizações internacionais que querem manter o controle por meio das políticas.

Entretanto, a atual conjuntura sócio, econômica, política, educacional e cultural na qual a nossa sociedade está inserida, permeada por diversas mudanças, transformações e influências ideológicas, exige do pedagogo novas funções e nova formação para assumir um papel de educador social crítico-reflexivo, de maneira que possa atuar em diferentes espaços, demandando, por parte destes, um repertório de conhecimentos ampliados para poder exercer sua profissão com qualidade. Conforme explica Libâneo (2001, p. 54), espera-se que o pedagogo seja

> [...] competente e compromissado com seu trabalho, como visão de um conjunto do processo de trabalho escolar. Deseja-se um profissional capaz de pensar, planejar e executar o seu trabalho e não apenas um sujeito habilidoso para executar o que os outros concebem.

Diante disso, o pedagogo deve se fortalecer por meio do empoderamento profissional, buscando construir sua profissionalidade por meio da formação inicial e continuada que lhe dê os suportes teóricos necessários, que fortaleça seu perfil e sua autonomia profissional, a fim de contribuir com a melhoria da educação brasileira, superar os resultados negativos e a exclusão, e contribuir em outras funções que demandam desse profissional.

Sobre o perfil do pedagogo, Brzezinski (2012, p. 15) expõe:

> [...] é possível reconhecer que o perfil identitário do Pedagogo contemporâneo vai se construindo nas mediações estabelecidas na teia das relações humanas, surgindo do eu e torna-se nossa, porque passará a ser socialmente aceita, razão ainda da sua incompletude que requer maiores estudos e pesquisas.

A autora, diferentemente de Libâneo, Pimenta e Saviani; revela a posição também assumida pela ANFOPE, que defende ser o pedagogo o profissional responsável pela gestão escolar e que para tal atuação esse profissional deve obrigatoriamente ter na base de sua formação a docência, tanto teórica como prática.

O curso de Pedagogia é um campo científico e investigativo que capacita o pedagogo para além da sala de aula, ampliando a atuação deste profissional para atuar no campo investigativo da educação, na produção de conhecimentos, no campo técnico profissional nos sistemas de ensino, em outras instituições educacionais, e em outros espaços não escolares.

Contrariando essa posição, Pimenta *et al.* (2001, p. 116) afirmam que:

> [...] é quase unânime entre os estudiosos, hoje, o entendimento de que as práticas educativas estendem-se às mais variadas instâncias da vida social não se restringindo, portanto, à escola e muito menos a docência, embora estas devam ser a referência do pedagogo escolar. Sendo assim, o campo de atuação do profissional formado em Pedagogia é tão vasto quanto são as práticas educativas na sociedade. Em todo lugar onde houver uma prática educativa com caráter de intencionalidade, há aí uma pedagogia.

No entendimento dos autores, o curso de Pedagogia apresenta um leque de possibilidades para aqueles que não veem na carreira de professor a oportunidade de se estabelecer e de ser valorizado enquanto profissional da educação. Entretanto, como o foco da discussão é a atuação dos pedagogos, para atuarem no processo educativo formal e demais espaços sociais, é necessário repensar um modelo de formação inicial para esses profissionais, que dê conta de contribuir para as mudanças sociais necessárias, de maneira que, por meio do processo educativo, possa romper com as desigualdades sociais, econômicas e culturais, com o preconceito e com toda forma de exclusão impostas pela sociedade capitalista.

Na opinião de Libâneo (2007, p. 26), o educador "precisa estar preparado para os desafios do mundo contemporâneo, sobretudo com as mudanças bruscas do sujeito social motivadas pelo surgimento das novas tecnologias e pelos efeitos da economia".

Ademais, é necessário que as instituições responsáveis pela oferta do curso, bem como o poder público, junto da sociedade civil, avaliem periodicamente o currículo e a qualidade dos cursos de Pedagogia, a fim de aprimorar e estabelecer metas de qualidade, não só para os cursos presenciais, principalmente para os cursos à distância, oferecidos pelas instituições privadas, que têm proliferado seus cursos em centenas de municípios brasileiros, em que a qualidade de muitos é questionável.

O pedagogo que consegue desenvolver a cultura prática da formação continuada, que faz dela um instrumento que lhe forneça elementos para refletir criticamente sobre o processo educativo, as condições educacionais e as contradições socioeconômicas e políticas presentes na sociedade consegue levantar dúvidas sobre sua prática pedagógica, a respeito dos sistemas educacionais e políticos; procurando entender e interpretar a conjuntura, terá mais condições de criar novas alternativas e tomar medidas que venham ao encontro das suas necessidades formativas, dos alunos, contribuindo assim para, por meio da educação, gerar mudanças e transformações sociais na sociedade onde está inserido.

Conforme a afirmação de Nóvoa (1992, p. 13),

> A formação deve estimular uma perspectiva crítico-reflexiva, que forneça aos professores os meios de um pensamento autônomo e que facilite as dinâmicas de autoformação participada. Estar em formação implica um investimento pessoal, um trabalho livre e criativo sobre os percursos e os projetos próprios, com vista à construção de uma identidade, que é também uma identidade profissional.

Dessa forma, entendemos que as demandas educacionais contemporâneas apontam para a necessidade de formação inicial e continuada que deem conta de preparar os educadores para os novos desafios educacionais, políticos e sociais. Para tanto, os pedagogos precisam se apropriar de saberes pedagógicos que os conduzam para uma prática social educativa, permeada pela responsabilidade ética, a fim de que, por meio da ação educativa crítica, venham contribuir para a emancipação humana. Franco (2006, p. 14) considera que os saberes pedagógicos têm a ver com um sujeito que gradativamente assume uma posição política diante do compromisso de ser professor, engajando-se criticamente em suas circunstâncias, cercando e acercando-se de sua realidade existencial, transformando-a na direção de suas intencionalidades. Fazendo da profissão um instrumento político para atuar criticamente na realidade, contribuindo socialmente.

A ação educativa do pedagogo está presente em muitos setores da sociedade, ocupando espaços em diferentes áreas do conhecimento; o entendimento disso permite a desmistificação de que a função do pedagogo deve ser realizada somente no âmbito escolar.

A atuação do pedagogo em outras instâncias não escolares ressalta a importância da atuação deste profissional nos diferentes segmentos da sociedade, fornecendo-lhe um leque de possibilidades; conforme explica Ribeiro (2007), a pedagogia empresarial é definida como sendo uma das possibilidades de formação/atuação do pedagogo, seu surgimento está vinculado à necessidade de formação/preparação de seus recursos humanos, entendidos como fator principal do êxito empresarial.

As empresas modernas abriram espaços tanto para a atuação do pedagogo como demais profissionais, a fim de capacitarem seus funcionários para trabalharem em equipe, desenvolverem a autonomia, o equilíbrio emocional, a criatividade e a capacidade cognitiva para produzir com qualidade e serem proativos.

De acordo com Silva e Macêdo (2010, p. 5)

> Na empresa, o pedagogo deve estar atento à educação integral do funcionário, influenciando-o positivamente em todos os aspectos, com o objetivo de provocar as mudanças necessárias, contribuindo com o desenvolvimento da produtividade pessoal nas mais diversas atividades, intervindo e articulando as ações educacionais na administração das informações, num contexto contínuo de aprendizagem e de gestão do conhecimento.

Apesar de as diretrizes definirem a função do pedagogo, no que se refere à prática pedagógica desse profissional é uma tarefa um tanto complexa; tendo em vista que ele exerce sua ação em diferentes espaços educacionais, a prática depende também da formação inicial e continuada, do contexto contemporâneo e seus desdobramentos, nos quais o pedagogo está inserido. A função pedagógica do pedagogo,

ANA TEREZA FELIX DA SILVA ZUCHINI

como já vimos, é ampla e tem como prática o desenvolvimento da formação humana dos indivíduos em diferentes lugares.

Destacamos, assim, que a presença do pedagogo nos múltiplos espaços educativos é importante, porque sua prática docente é fundamental nos processos de mediação e assimilação de conhecimentos, contribuindo assim com o desenvolvimento de habilidades e competências imprescindíveis para o processo formativo do ser humano.

4

ANÁLISE DOS DOCUMENTOS EVIDENCIANDO O PERFIL DO PEDAGOGO DELINEADO PELA ANFOPE

> *Escrever [este trabalho] é ter que caminhar através do terreno inimigo,*
> *na própria região de perda, fora do domínio protegido delimitado pela*
> *localização da morte noutro lugar. É produzir frases com o léxico do perecível,*
> *na proximidade e até mesmo no espaço da morte.*
>
> *(CERTEAU, 2011, p. 273).*

Este capítulo tem como objetivo destacar o perfil do pedagogo delineado pela Associação Nacional dos Formadores dos Profissionais da Educação (ANFOPE) a partir da década de 1990. A análise baseia-se principalmente nos documentos finais dos encontros bienais realizados pela Associação a partir dessa década. A ênfase na análise desse período justifica-se pela legitimidade da associação nesse mesmo período e pelo seu compromisso com a construção de uma base comum nacional para a formação dos profissionais da educação, em particular, a formação do pedagogo.

Para análise, foram utilizados 11 documentos da ANFOPE, sendo eles: Documentos Finais do 5º, 6º, 7º, 8º, 9º, 11º, 15º, 16º Encontros Nacionais. Analisamos ainda o documento para subsidiar discussão na audiência pública regional — Recife, 21/3/01 —, em que analisa a versão preliminar da proposta de diretrizes para a formação inicial de professores da educação básica, em curso de nível superior, contribuições para subsidiar discussão na audiência pública nacional (CNE) sobre a proposta de diretrizes para a formação inicial de professores da educação básica, em cursos de nível superior, de 23 de abril de 2001 e Boletim da ANFOPE, Ano VII, n.º 15, dezembro de 2001. Todos os documentos elaborados durante os Encontros

Nacionais realizados a partir dos anos 90, com a participação de outras entidades que corroboram e compartilham do mesmo posicionamento quanto a formação do perfil do pedagogo defendido pela Associação. Para a análise da referida documentação, buscamos contrapartida em produções científicas (livros, artigos e trabalhos acadêmicos) de pesquisadores e estudiosos do curso de Pedagogia que discorrem sobre a temática em discussão, ou seja, em relação a formação do perfil de pedagogo delineado pela ANFOPE. Assim, para melhor fundamentar a discussão, recorremos também à literatura corrente que versa sobre o processo histórico de criação e evolução do curso de Pedagogia.

Historicamente, no Brasil, o curso de Pedagogia passou por mudanças legais com o objetivo de definir as funções e o espaço de atuação do pedagogo, permeado ora com ênfase na formação técnica (professor especialista), ora na formação generalista (gestor escolar, pesquisador, entre outros). Tais mudanças são resultantes de interpretações diferenciadas sobre o próprio curso em nível de licenciatura ou de bacharelado, o que causou indefinição sobre o perfil profissional pedagogo. Porém, ressaltando que o pressuposto defendido pela ANFOPE se trata de uma perspectiva integrada, do qual não se separa a formação do professor licenciado e do especialista bacharel, motivo pelo qual se iniciou uma mobilização, desde o início da década anterior, em prol da reformulação do curso de Pedagogia.

No início da década de 80, foi criado um Comitê pró-Formação do Educador, objetivando mobilizar professores e alunos em torno da reformulação do curso de Pedagogia.

> O ponto de partida da mobilização foi a realização do I Seminário de Educação Brasileira (1978) realizado na Universidade Estadual de Campinas - UNICAMP, organizado com o objetivo de divulgar resultados da pesquisa "Análise do currículo e conteúdo programático dos cursos de pedagogia com vistas a propostas alternativas de reformulação", o qual transformou em marco histórico no Movimento dos Educadores que aspirava subverter a tradicional ordem de "cima para baixo" nas decisões sobre as questões educacionais. (AGUIAR *et al.*, 2006, p. 823).

TRAÇANDO O PERFIL PROFISSIONAL DO PEDAGOGO POR MEIO DOS DOCUMENTOS
DA ANFOPE: ENRIQUECENDO O CAMPO DA PEDAGOGIA

Nesse contexto, acirram-se, no ano de 1978, os debates sobre a formação do pedagogo, com a participação de entidades representativas do Movimento de Educadores, dentre estas a ANFOPE. Como resultados destes movimentos sociais, foram produzidos vários documentos que se materializaram em propostas encaminhadas ao Ministério da Educação, na expectativa de que estas fossem incorporadas pelas políticas públicas do governo federal, que atravessava o momento histórico de transição do regime militar para o regime democrático, conforme pontuado por alguns autores, dentre estes Aguiar *et al.* (2006).

A ANFOPE, enquanto movimento de luta em prol da formação de professores, em específico do pedagogo, muito contribuiu e vem contribuindo com suas proposições para a melhoria da educação brasileira. A entidade tem contribuído de várias maneiras, por meio do debate e do encaminhamento junto ao poder público de propostas baseadas em concepções epistemológicas que contribuem para o avanço na formação de professores, por meio de suas publicações realizadas por professores renomados que, há décadas, vêm colaborando com conhecimentos, saberes e fazeres para com a formação dos profissionais da educação. A Associação tem como premissa, em seu Estatuto, o avanço do conhecimento no campo da formação e da valorização dos profissionais da educação, por meio da mobilização de pessoas, de entidades e de instituições dedicadas a esta finalidade, e por meio da contribuição teórica.

Destaca-se que a trajetória de embates, negociações, concessões e audiências públicas junto ao CNE, os encontros, seminários e reuniões, realizados desde 1978 até 2005, culminaram com a elaboração de documentos propositivos para as Diretrizes Curriculares Nacionais para o Curso de Pedagogia (DCNP). Tais proposições subsidiaram a elaboração das Diretrizes Curriculares Nacionais, para o referido curso, por meio da publicação da Resolução CNE/CP 1, de 15 de maio de 2006.

Analisar a trajetória e as contribuições da ANFOPE é importante, porque ela conseguiu, durante sua caminhada, se firmar e consolidar como uma entidade referência no cenário nacional, de caráter político, científico e acadêmico de suma importância para a educação brasileira. Ela buscou, por meio da participação coletiva, a construção de um referencial para as propostas de formação dos profissionais da educação e a contínua reformulação do curso de Pedagogia e do perfil do pedagogo, por meio de concepções epistemológicas que visavam consubstanciar a construção de uma política nacional global para a formação do magistério. Além disso, o movimento durante a sua caminhada vem contrapondo as concepções tecnocráticas e liberais que orientam as políticas públicas para formação de professores (ANFOPE, 1998, p. 2).

Conhecer a trajetória do movimento nos diferentes contextos políticos e sociais que permearam o debate de formação de pedagogo e o delineamento do perfil deste profissional ao longo dos anos, na entidade, e que contribuíram para as modificações teóricas que acabaram por ressignificar a concepção de formação dos professores ao longo dos anos é importante porque, conforme explicam Scheibe e Durli (2011, p. 81), as propostas construídas no âmbito da sociedade civil, especialmente por professores e acadêmicos, revitalizando o curso e atribuindo-lhe a função de formar os professores para o magistério dos anos iniciais de escolaridade.

Ante o exposto, optamos pela análise de trechos documentais da ANFOPE, por considerarmos serem estes essenciais para entendermos os contextos políticos e sociais que permearam o debate de formação do pedagogo e o delineamento do perfil desse profissional ao longo dos anos, e que contribuíram para as modificações teóricas que acabaram por ressignificar a base docente ao longo dos anos. No entendimento da ANFOPE, "a base da formação do Pedagogo deve ser a docência" (ANFOPE, 2004, p. 25) e, portanto, cabe ao curso de Pedagogia oferecer uma formação teórica e interdisciplinar, ou seja, que contemple várias áreas do conhecimento. Dessa forma, a formação do pedagogo deve ser abrangente, de modo a introduzir nos currículos dos cursos de Pedagogia, além das disciplinas que tratam dos fundamentos históricos, políticos e sociais, também conteúdos de outras áreas, tais como: Matemática, Ciências, História, Geografia, Português, entre outros.

Existe um conjunto de documentos (mais especificamente, 15 documentos e um livro) que fazem parte do acervo da ANFOPE. Destes, foram selecionados e analisados alguns trechos que, em nosso entendimento, são relevantes para a compreensão da importância dos debates alavancados pelos movimentos sociais, desde o final da década de 70 até o ano de 2006, quando as principais reivindicações dos educadores foram contempladas com a publicação da Resolução CNE/CP/2006 que "Institui as Diretrizes Curriculares Nacionais para o Curso de Graduação em Pedagogia, Licenciatura".

É importante esclarecer que, por uma questão de organização e para facilitar a compreensão do significado do Movimento Nacional de Reformulação dos Cursos de Formação dos Profissionais da Educação, na sua trajetória em busca da consolidação do perfil profissional do pedagogo, procurou-se estabelecer uma ordem cronológica para a análise dos documentos produzidos pela ANFOPE, especificamente a partir da década de 1990, no contexto das lutas contra o regime militar e pela democratização do país, consolidados em trechos dos documentos analisados a seguir.

Verificamos, na análise dos documentos produzidos pela ANFOPE, que o Quinto Encontro Nacional foi convocado em caráter ordinário pela Comissão Nacional de Reformulação dos Cursos de Formação de Educadores (Conarcfe), em julho de 1990, na cidade de Belo Horizonte (MG), dando sequência aos encontros bienais organizados pela Comissão. Este encontro foi o marco inicial do surgimento da Associação Nacional pela Formação dos Profissionais da Educação (ANFOPE). O evento contou com o apoio e participação do Instituto de Recursos Humanos João Pinheiro (IRHJP), Faculdade de Educação da Universidade de Campinas (Unicamp), Centro de Estudos Educação e Sociedade (Cedes), Associação Nacional de Educação (Ande), Confederação Nacional dos Trabalhadores da Educação (CNTE), Sociedade Brasileira para o Progresso da Ciência (SBPC), da Faculdade de Educação da Universidade Federal de Minas Gerais (UFMG) e do Conselho Nacional de Desenvolvimento Científico e Tecnológico (CNPQ), e contou com a presença de representantes de 23 estados, com um total de 180 participantes.

Segundo o documento final Conarcfe/1990, a realização do Quinto Encontro Nacional foi programada com três finalidades básicas:

a. Estudar a viabilidade de transformar a CONARCFE em uma associação nacional;

b. Realizar primeira discussão específica sobre a Questão de Base Comum Nacional, na formação dos Profissionais da Educação;

c. Analisar o Projeto da LDB, elaborada recentemente pela Comissão de Educação da câmara.

O primeiro tema foi objeto de Assembleia específica, na qual ficou definida a transformação da Conarcfe em Associação Nacional Pela Formação dos Profissionais da Educação (ANFOPE) (CONARCFE, 1990, p. 2). Durante a década de 1990, com a formação da ANFOPE, houve um significativo aumento do movimento nos estados e a realização de diversos encontros nacionais, consolidando, assim, a formação da associação e delineando os princípios gerais do movimento concernente à formação dos profissionais da educação.

Com relação à Base Comum Nacional (BCN), foi esboçada a questão conceitual, realizando uma reflexão dos termos envolvidos na expressão (ANFOPE, 1990, documento do V Encontro, p. 6), e o desenvolvimento da ideia de uma base nacional comum a todos os profissionais da educação, negando o currículo mínimo, firmando a concepção básica da formação do educador e explicitando o corpo do conhecimento fundamental da licenciatura em Pedagogia. Segundo o documento, entre as sugestões discutidas, sugere-se que a base independa da instituição formadora, afirmando que

> [...] esta base é a sustentação epistemológica que norteará a elaboração e o desenvolvimento do currículo, na perspectiva da construção e reconstrução permanente de um ensino público de qualidade compatível com os interesses da classe trabalhadora (ANFOPE, 1990, documento do V Encontro, p. 6).

TRAÇANDO O PERFIL PROFISSIONAL DO PEDAGOGO POR MEIO DOS DOCUMENTOS
DA ANFOPE: ENRIQUECENDO O CAMPO DA PEDAGOGIA

Embora o documento final do Quinto Encontro Nacional explicitar uma base comum nacional a partir da construção de uma concepção de formação do educador que atingisse todas as licenciaturas, à licenciatura de Pedagogia fora designada uma abrangência maior em nível de grupos, pois foi designado três de um total de cinco grupos, para a sua análise. Em consequência disso, surgiram algumas divergências entre os grupos da licenciatura de Pedagogia e as demais licenciaturas, visto que, enquanto o primeiro defendia a posição dos eixos curriculares de forma multidisciplinar na construção da base, as específicas retomavam a dicotomia entre conhecimentos específicos, pedagógicos e integradores.

O posicionamento dos grupos de Pedagogia apontou como questão desafiadora a superação da degradação das licenciaturas em decorrência do sistema capitalista. Sendo assim, optou-se, para esse enfrentamento, reiterar a concepção de formação do profissional da educação em uma perspectiva de totalidade, buscando superar a dicotomia teoria-prática. Tal posição, ou seja, a defesa dos eixos curriculares como direção epistemológica do curso e perfil definido e a superação da dicotomia teoria-prática, aparenta apresentar a identificação do profissional pedagogo.

> Neste sentido, o grupo optou por reiterar a concepção de formação do profissional da educação em uma perspectiva de compreensão da totalidade do processo educativo e seu significado na formação social brasileira. Nesta direção, a formação do profissional da educação procura superar a dicotomia teoria/prática, construindo a identidade desse profissional através de um trabalho coletivo interdisciplinar, articulado com o princípio da gestão democrática. (ANFOPE, 1990, p. 17).

Sendo assim, compreende-se que a ênfase na prática, em detrimento da parte teórica, pressupõe que esta é satisfatória, o que, segundo o relatório, deixa a desejar. Nesse sentido, enfatiza-se a importância de ambas caminharem juntas no decorrer dos cursos e perpassar todas as disciplinas, evidenciando que a Base Comum

Nacional (BCN) deve ser um instrumento de luta contra a separação da teoria e da prática na organização nacional.

O Documento Final, elaborado nesse encontro, reafirmou os propósitos discutidos desde o segundo encontro da Conarcfe, em relação à base comum como ponto de partida para a formação do profissional da educação, uma formação ampla e abrangente às dimensões profissionais, políticas e epistemológicas, o que, de certo modo, garantiria uma prática comum nacional de todos os educadores, qualquer que fosse o conteúdo específico de sua área de atuação. Desse modo, partindo do entendimento do quinto encontro realizado pela Conarcfe, a partir de então denominada ANFOPE, a base comum passaria a ser percebida como uma diretriz para os cursos de formação de educadores, visto que envolveria uma concepção básica de formação do educador, que se concretizaria a partir de um corpo de conhecimento fundamental.

Dessa forma, a Base Comum Nacional (BCN) deveria se caracterizar pela (re)apropriação, pelos educadores, de um conteúdo específico articulado e historicamente referenciado, pela compreensão e participação consciente nas tentativas de construção de uma ordem social igualitária e justa, e pela efetiva articulação entre teoria e prática desde o início do curso de Pedagogia.

O Sexto Encontro foi o primeiro realizado com a orientação da ANFOPE, visto que esta fora criada durante o Quinto Encontro Nacional, em 1990. A exemplo deste, o Sexto Encontro, também foi convocado em caráter ordinário, sendo realizado no mês de julho de 1992, em Belo Horizonte (MG). Mais uma vez o encontro contou com o apoio do Instituto de Recursos Humanos João Pinheiro, Faculdade de Educação da Unicamp, Cedes, MEC, CNTE e do Instituto Nacional de Estudos e Pesquisas (Inep), com a presença de 20 estados e 130 participantes (Documento Final do VI Encontro, ANFOPE, 1992).

O documento final deste encontro faz um relato do processo histórico do movimento, desde o início da década de 1980, denominado Comitê Nacional Pró-Formação do Educador. Justifica que ele surgiu mediante necessidade, naquele momento, de mobilizar

TRAÇANDO O PERFIL PROFISSIONAL DO PEDAGOGO POR MEIO DOS DOCUMENTOS
DA ANFOPE: ENRIQUECENDO O CAMPO DA PEDAGOGIA

professores e alunos em prol da reformulação do curso de Pedagogia, visto o MEC, em ano anterior, ter aberto um debate com a mesma finalidade. Todavia, a discussão sobre a reformulação do curso de Pedagogia abriu espaço para se discutir a reformulação dos demais cursos que formam os profissionais da educação, conforme ANFOPE (Documento do VI Encontro, p. 6).

Faz, também, um breve relato sobre o Quinto Encontro Nacional, de 1990, recordando que, entre as discussões proferidas, houve a transformação da Conarcfe em associação, Base Comum e LDB; o destaque girou em torno da Base Comum Nacional, um dos princípios gerais defendido pela ANFOPE, como podemos perceber no enunciado "todos os cursos de formação do educador deverão ter uma base comum: são todos professores. A docência constitui a base da identidade profissional de todo educador" (COMISSÃO NACIONAL, 1983, p. 7). A ênfase dada à constituição da Base Comum Nacional, durante o encontro, objetivava alavancar o debate com relação às habilitações.

A temática, embora específica ao curso de Pedagogia, dificultava discutir outra questão, até então defendida pela ANFOPE, a BCN, importante para a formação de professores e para a reformulação dos cursos.

Na continuidade do relato, retoma a discussão com relação à discussão da escola única, na qual as várias instâncias formadoras deveriam ser agrupadas à faculdade da Educação e "concebidas como Programas articulados e supra departamentais" (ANFOPE Documento Final do VI Encontro, p. 27). De acordo com a proposta, o curso de Pedagogia é desdobrado em três programas: o de formação de professores para a educação básica educação infantil/fundamental; o de formação para orientadores e supervisores; e o de formação para professores do segundo grau, escola normal.

O documento explicita que, no Encontro Nacional de 1992, a ANFOPE ganha flexibilidade, independência financeira e encerra com um ciclo de reorganização do movimento iniciado em 1988. Sendo assim, abre espaço para um novo período, ou seja, o da consolidação da Associação como entidade nacional e a luta pela formação dos profissionais da educação.

O sétimo encontro da ANFOPE foi realizado no período de 25 a 29 de julho de 1994, na cidade de Niterói, Rio de Janeiro (RJ), e contou com o apoio da Universidade Federal Fluminense (UFF). Participaram do evento 19 estados, com um total de 67 participantes. O documento final desse encontro inicia expondo alguns aspectos da conjuntura nacional e internacional e as consequências (na maioria, negativas) para a área educacional. Em seguida, faz breve comentário sobre os dez anos da ANFOPE, descrevendo os principais assuntos discutidos nesse período e os avanços conquistados pela associação.

A partir das discussões sobre a Base Comum Nacional, pelo Movimento Nacional dos Educadores na década de 90, o fio condutor do processo foi a formação do pedagogo para a docência na educação básica, educação infantil e séries iniciais do ensino fundamental. Todavia, a ANFOPE, ao colaborar com propostas de políticas para a formação dos profissionais da educação, reafirma a necessidade de elas terem como diretriz a BCN, inclusive o curso de Pedagogia. Portanto, o pedagogo deve estar apto para o exercício do magistério, exercendo tanto na docência quanto em outras instâncias educativas.

Com referência à BCN, considera-se alcançado avanço significativo, visto que supera a proposta de currículo mínimo na formação de educadores. Portanto, ao considerar a BCN, a sustentação epistemológica que norteará a elaboração e o desenvolvimento do currículo, foi aprofundada a questão com relação à compreensão das dimensões que ela deveria abranger, tais como: dimensão profissional; dimensão política; dimensão epistemológica (Documento Final do VII Encontro, ANFOPE, 1994, p. 13).

A discussão por uma política global de formação dos profissionais da educação toma relevância em prol de conquista da democratização da sociedade brasileira e entra em confronto com forças sociais e políticas, exigindo presença marcante da ANFOPE. Neste sentido, ressalta a iniciativa da classe empresarial, com aval do governo, em assumir função complementar no setor educacional, com vista a atender seus interesses econômicos.

> [...] algumas dessas iniciativas, a exemplo do MEC, apontam para o risco do reforço à fragmentação e ao paralelismo de ações que tem deslocado a atuação das instâncias próprias de formação, para a criação de outros espaços de formação dos profissionais como é o caso da criação de institutos de formação, criando novas frentes de investimentos através da implementação de projetos pulverizados com vistas à melhoria da Educação Básica. (Documento Final VII Encontro, ANFOPE, 1994, p. 18).

Neste sentido, a ANFOPE se posiciona contrária à ideia de apoiar os sistemas paralelos de formação de professores, visto que ela defende políticas educacionais que corroborem com a melhoria do ensino e pesquisas nas atuais agências formadoras. Portanto, colabora na formulação de diretrizes para uma política nacional de formação do educador, destaca a necessidade de estabelecer ação conjunta entre as agências formadoras e a revisão de suas estruturas.

Todavia, reforça que a universidade e a faculdade de Educação são locais privilegiados para a formação do profissional da educação, inclusive o da educação básica/fundamental no curso de Pedagogia. Verificamos posição semelhante na análise de Freitas (1992 p. 89), quando já anunciava possível empobrecimento na formação inicial do professor por força do então denominado tecnicismo. Na análise do contexto atual, aponta que afloravam ideias de que era necessária a formação de um professor prático, e esta poderia ser adquirida em cursos práticos de curta duração, visto que a formação teórica não teria muita importância.

Sendo assim, o encontro objetivou reforçar a Base Comum Nacional para os cursos de formação do educador e reafirmar a docência como a base da identidade destes profissionais, defendendo que teoria e prática devem ser consideradas o núcleo integrador da formação do educador. Ressalta que elas precisam ser trabalhadas de forma a constituírem unidade indissociável, sem perder de vista o contexto social brasileiro, pontuando que os cursos de formação do educador devem ser estruturados de forma a propiciar o trabalho interdisciplinar e a iniciação científica no campo da pesquisa em educação (Documento do VII Encontro, ANFOPE, 1994, p. 10).

Realizado em julho de 1996, em Belo Horizonte (MG), o Oitavo Encontro Nacional da ANFOPE busca reafirmar o seu compromisso em enfrentar os desafios que, ao longo de sua formação, tem enfrentado em prol da formação dos profissionais da educação. Sendo assim, busca esclarecer, por intermédio do relatório do atual encontro (1996), as discrepâncias existentes nas políticas governamentais, inclusive as da área educacional, analisando e denunciando retirada de direitos e descaracterização do ensino superior para justificar sua privatização, como podemos observar no enunciado:

> No âmbito do sistema público de ensino, destaca-se, ainda, o encurralamento do ensino superior. Insiste--se em apontá-lo como improdutivo e corporativo, argumentando-se que se faz necessária e urgente a sua privatização para aumentar *a produtividade e torná-lo mais competitivo*. (Documento Final do VIII Encontro, ANFOPE, 1996, p. 11, grifo nosso).

Com relação ao movimento pela reformulação dos cursos de formação de professores, iniciado na década de 1980, o documento da ANFOPE de 1996 reforça a necessidade de continuar a mobilização dos educadores, fazendo uma retrospectiva das conquistas do movimento. Embora este tenha enfrentado muitos obstáculos desde o início de sua formação, busca lugar em outros espaços para expor e lançar suas ideias. A exemplo, cita a reunião da ANFOPE em 1994, durante a reunião da ANPED, para definir a retomada da pesquisa iniciada durante o Sétimo Encontro Nacional, sobre as reformulações curriculares do curso de Pedagogia (Documento Final do VIII Encontro, ANFOPE, 1996, p. 15).

Vale recordar que o ponto inicial que deu origem à ideia de construção de uma base comum nacional aconteceu no encontro realizado no ano de 1983. A ideia da base surgia contrária à formação de pedagogo apenas como especialista, sem formação de professor (sem perfil para docência), partindo para uma concepção mais ampla de formação do educador em todas as licenciaturas (Documento Final do VIII encontro, ANFOPE, 1996, p. 16).

TRAÇANDO O PERFIL PROFISSIONAL DO PEDAGOGO POR MEIO DOS DOCUMENTOS
DA ANFOPE: ENRIQUECENDO O CAMPO DA PEDAGOGIA

O Nono Encontro da ANFOPE, realizado de 3 a 6 de agosto de 1998, na cidade de Campinas, São Paulo, obteve como resultado o aprofundamento do debate com relação à Base Comum Nacional (BCN), visto que ela não fora contemplada na Lei de Diretrizes e Base (LDB), conforme conceito construído pelos educadores e aprovado em encontros anteriores, formulada como a seguir:

> Haverá uma única base comum nacional para todos os cursos de formação do educador. Esta base comum será aplicada em cada instituição de forma a respeitar as especificidades das várias instâncias formadoras - Escola Normal, Licenciatura em Pedagogia, demais Licenciaturas específicas. (Documento Final do VI Encontro, ANFOPE, 1992, p. 14).

Todavia, no texto está bem explícito que haverá uma base comum a todos os cursos de formação do profissional da educação. Porém, a denominação Base Comum Nacional aparece somente no curso de Pedagogia, especificamente, formação de especialistas.

No enfrentamento para colaborar com uma eficaz formação do profissional da educação, a ANFOPE desempenha atenção ao curso de pedagogia e à formação do pedagogo, quando esta passa a ser realizada também pelo Instituto Superior da Educação (ISE). A criação do ISE foi com intuito de substituir o curso de Pedagogia na formação dos profissionais (docentes) da educação infantil e para as séries iniciais do ensino fundamental de forma aligeirada (Documento Final do IX Encontro Nacional, ANFOPE, 1998). Ressalta que no seminário realizado em outubro de 1997 já se posicionara contrária à criação do ISE.

Com relação a esta temática, verifica-se posição semelhante na concepção de Severino (2006). Segundo o autor, a formação do profissional da educação, que já era deficitária com relação a outros profissionais, fica ainda mais comprometida quando é transferida para os Institutos Superiores de Educação (ISE). Questiona que, ao excluir as universidades da responsabilidade de formar os profissionais da educação, a nova política, que se consolidava na época, comprometia a médio e longo prazo a qualificação desses profissionais em nível superior. Justifica, interrogando:

> Se já tem sido difícil desenvolver a formação profissional, com base em processos de construção do conhecimento, na Universidade, com seus quadros minimamente qualificados, como fará o Instituto, entidade sem tradição, sem experiência acumulada, e sem ter de onde tirar seus quadros? (SEVERINO, 2006, p. 190).

Como se percebe, a realização do Nono Encontro, além de marcar os 15 anos de trajetória da ANFOPE, marca também o período de debate na defesa da Base Comum Nacional, tendo, como um dos objetivos o de romper com o novo paradigma de aligeiramento e defasagem na formação dos formandos das licenciaturas, inclusive os do curso de Pedagogia. Dessa forma, compreendemos que o educador, enquanto profissional de ensino, deverá ter a docência como base da sua identidade profissional, dominar o conhecimento específico de sua área, articulado ao conhecimento pedagógico, em uma perspectiva de totalidade do conhecimento socialmente produzido. Esta base de conhecimentos pressupõe perceber as relações existentes entre as atividades educacionais e a totalidade das relações sociais, econômicas, políticas e culturais em que o processo educacional ocorre, e permitir-lhe ser capaz de atuar como agente de transformação da realidade (Documento Final do IX Encontro, ANFOPE, 1998).

As orientações expressas, constantes do documento final elaborado no evento do Nono Encontro contemplam também o perfil do profissional da educação, as competências e áreas de atuação, os eixos norteadores da Base Comum Nacional (BCN), os princípios e componentes para a organização curricular, e, por fim, a duração dos cursos de formação (SILVA, 2003, p. 88).

O Parecer CNE/CES 970/99, de 9 de novembro de 1999, dispõe sobre o assunto referente ao Curso Normal Superior (CNS) e à habilitação para o magistério em Educação Infantil (EI) e Séries Iniciais do Ensino Fundamental (SIEF). O relato referente ao Parecer anteriormente citado confere que a Lei n.º 9.394/96, denominada Lei de Diretrizes e Bases da Educação Nacional (LDB), estabeleceu diversas inovações positivas com relação à formação dos profissio-

TRAÇANDO O PERFIL PROFISSIONAL DO PEDAGOGO POR MEIO DOS DOCUMENTOS
DA ANFOPE: ENRIQUECENDO O CAMPO DA PEDAGOGIA

nais da educação. Entre tais inovações, destaca-se a criação do Curso Normal de Nível Superior, com a finalidade de formar docentes para a educação infantil e séries iniciais do ensino fundamental.

> Art. 63. Os Institutos Superiores de Educação manterão I - cursos formadores de profissionais para a educação básica, inclusive o curso normal superior, destinado à formação de docentes para a educação infantil e para as primeiras séries do ensino fundamental. (PARECER 970/99, p. 6).

A criação do curso tinha por objetivo substituir o Curso Normal em nível médio, visto que o Art. 87 trazia a seguinte ressalva: "Até o final da década da Educação somente serão admitidos professores habilitados em nível superior ou formados por treinamento em serviço" (PARECER 970/99, p. 1).

No primeiro momento, deixa-nos parecer que a oferta de Curso Normal Superior seja atribuída aos Institutos Superiores de Educação (ISEs). Todavia, na redação do Art. 62, da LDB, deixa claro que o CNS não se restringe apenas aos ISEs, e pode ser oferecido tanto nos institutos quanto nas universidades, visto que se trata de um curso necessário à formação de docentes para atuar na educação infantil e séries iniciais do ensino fundamental, conforme redação:

> A formação de docentes para atuar na educação básica far-se-á em nível superior, em curso de licenciatura, de graduação plena, em Universidades e Institutos Superiores de Educação, admitida, como formação mínima para o exercício do magistério na educação infantil e nas quatro primeiras séries do ensino fundamental, a oferecida em nível médio, na modalidade normal. (LDB, Lei n.º 9.394/96, Art. 62).

Segundo relato no atual parecer, o Conselho Nacional de Educação (CNE) já havia se manifestado favorável à criação dos Institutos Superiores e dos Cursos Normais Superiores, por intermédio do Parecer CES n.º 115/99. A justificativa para a posição favorável se dava pelo fato de haver necessidade de uma profunda renovação da formação inicial dos profissionais da educação básica. No discurso, reforça o argumento de que a formação para o magistério, nas séries iniciais e educação infantil, deveria ser com cursos profissionais específicos, com projetos pedagógicos próprios e não como complementos aos cursos regulares de Pedagogia, visto que a finalidade desta era de formar especialistas e pesquisadores. Portanto, com essa concepção, toma posição contrária à autorização das habilitações para o magistério séries iniciais e educação infantil nos cursos de Pedagogia e tão somente nos Cursos Normais Superiores.

Contrapondo-se à posição do voto dos relatores do Conselho Nacional de Educação (CNE) ao Parecer 970/99, os conselheiros da Câmara Superior da Educação declaram posição contrária, justificando os motivos. Relatam que as finalidades dos Cursos de Pedagogia e dos Cursos Normais estão bem definidas na Lei n.º 9.394/96 – LDB, referente aos profissionais da educação, nos artigos 61, 62, 63 e 64 do Título IV.

Declaram que o artigo 62, da referida Lei, dispõe sobre a formação de docentes que atuarão na educação básica; deverá ser em nível superior, em curso de licenciatura, porém abrem exceção para formação em nível médio, modalidade normal para docentes da EI e SIEF.

> O art. 62 dispõe sobre a formação de docentes que atuarão na educação básica, estabelecendo que esta far-se-á em nível superior, em curso de licenciatura, de graduação plena, em universidades e institutos superiores de educação, admitida como formação mínima para o exercício do magistério na educação infantil e nas quatro primeiras séries do ensino fundamental, a oferecida em nível médio, na modalidade normal. (PARECER 970/99, p. 5).

Portanto, segundo o relato do relator, verifica-se que a posição contrária se deve à compreensão das entrelinhas da redação do Art. 62, visto que se exige formação em nível superior, em curso de licenciatura e de graduação plena, para atuar na educação básica, porém, abre exceção para o exercício do magistério na educação infantil e séries iniciais, as formações em nível médio, modalidade normal, entretanto, como vêm anteriormente, com ressalvas.

Com relação ao curso de Pedagogia oferecido nas universidades, os relatos justificam que, embora a finalidade principal do curso, no atual momento do Parecer 970/99, ser de formar especialistas, o Parecer n.º 115/99 não discutia o assunto. Todavia, no relato se anuncia que o Art. 64 da LDB não determina que os cursos de Pedagogia formem somente profissional especialista em Administração, Planejamento, Supervisão e Orientação Educacional. Embora essa formação fosse uma das tarefas da Pedagogia, ministradas nas universidades, a referida Lei não proíbe o curso de habilitar profissionais para atuar na educação infantil e séries iniciais do ensino fundamental.

A Associação Nacional de Política e Administração (Anpae) realiza um manifesto ao Parecer 970/99 do CNE, que dispõe sobre o assunto referente à criação dos ISEs e do CNS. A Anpae é uma entidade que congrega profissionais do planejamento e da administração da educação, dirigentes dos sistemas e instituição de ensino, pesquisadores e formadores nesta matéria. No documento, manifesta preocupação com a adequação dos cursos de Pedagogia proposta pelo Parecer citado. Segundo o documento, a Anpae, ao longo de sua trajetória, tem desencadeado diversas ações que a colocam como autoridade para reafirmar a adequação dos cursos de Pedagogia. Ressalta que o curso é um local privilegiado para a formação de pedagogo, ou seja, um profissional apto para atuar na educação básica (educação infantil, ensino fundamental e ensino médio) como docente. Habilita-o, também, para exercer a função de especialista nas diversas áreas da educação, portanto, considera que o parecer tende a desqualificar essa formação conforme relata:

> [...] a ANPAE considera a proposta apresentada no Parecer 970/99-CES, ao indicar os Institutos Superiores de Educação e os Cursos Normais Superiores como substitutos dos Cursos de Pedagogia, em especial com relação à formação de Professores, como clara desvalorização e risco à qualidade na formação deste profissional.

A Anpae, para melhor apresentação do exposto, encaminhou sua consideração sobre o tema em discussão, solicitando ao CNE, por meio de argumentos justificativos e propositivos, a revisão do Parecer 970/1999/CES sobre a proposta de diretrizes da Comissão de Especialistas de Ensino de Pedagogia. Entre as várias justificativas, a Anpae cita sua contribuição com relação à disseminação teórico-científica, à construção do pensamento pedagógico brasileiro e à implementação de políticas públicas com vistas à democratização e qualidade da educação.

No manifesto, a Anpae ressalta que a administração da educação é uma área importante para formação de todos os profissionais da educação. Afirma que é importante priorizar a formação dos professores, inclusive nos currículos relativos a esta questão, ao considerar que todo professor deve ser um dirigente proferido pela educação. Com essa concepção, atinente à formação do administrador da educação, ela considera imprescindível a revisão do Parecer pelo CNE, e espera que ele acate a proposta de diretrizes da Comissão de Especialista do Ensino Superior (CEES), sobre a formação do pedagogo.

O teor da manifestação proferida pela Anpae ao CNE circulou em oposição a alguns pressupostos e implicações do referido Parecer do Conselho, que dispõe sobre o Curso Normal Superior e a Habilitação para Magistério em Educação Infantil e Séries Iniciais do Ensino Fundamental nos cursos de Pedagogia. A manifestação foi importante sobretudo porque a Anpae se propôs contribuir na formulação e implementação das políticas de formação do profissional da educação, em defesa de uma educação de qualidade para todos. Para tanto, sua proposição foi de

> [...] consolidar propostas de formação de profissionais da educação, entre estes, o administrador da educação, no curso de Pedagogia, de graduação plena, cuja estrutura curricular contempla conteúdos articuladores da relação teoria-prática relativos ao contexto histórico e sociocultural, contexto da educação básica e ao contexto do exercício profissional em âmbitos escolares e não-escolares, articulando saber acadêmico, pesquisa e prática educativa. (ANPAE, 1999, p. 2).

TRAÇANDO O PERFIL PROFISSIONAL DO PEDAGOGO POR MEIO DOS DOCUMENTOS
DA ANFOPE: ENRIQUECENDO O CAMPO DA PEDAGOGIA

Concluindo as discussões sobre a formação dos profissionais da educação na década de 1990, incluindo a do pedagogo, verifica-se que a Associação Nacional Pela Formação dos Profissionais da Educação (ANFOPE), criada durante o Quinto Encontro Nacional, em 1990, esteve presente, colaborando com o debatendo sobre o assunto, quando não em encontro próprio em outros espaços. Sendo assim, a ANFOPE, junto de outras entidades (Anpae, ANPED, dentre outras), busca aprofundar a discussão sobre aspectos específicos à temática da formação dos profissionais do magistério. Nesse sentido, é pertinente trazer à memória as principais contribuições da associação em prol da reformulação dos cursos de formação dos profissionais da educação, principalmente nas diferentes construções curriculares das Instituições Superiores de Ensino (ISE) do Brasil.

O debate sobre a temática teve início na década anterior, frente à tentativa do MEC e do Conselho Federal da Educação com relação à reformulação do curso de Pedagogia. A discussão referente à formação dos educadores da educação básica ganhou força em oposição à investida dos órgãos oficiais, que planejava destituir a formação de professores do curso de Pedagogia, visto que esta se constitui a base da identidade do curso e do profissional nele formado.

A partir das discussões sobre a Base Comum Nacional (BCN) pelo Movimento Nacional dos Educadores na década de 90, o fio condutor do processo foi a formação do pedagogo para a docência na educação básica, educação infantil e séries iniciais do ensino fundamental. Todavia, a ANFOPE, ao colaborar com propostas de políticas para a formação dos profissionais da educação, reafirma a necessidade de elas terem como diretriz a Base Comum Nacional (BCN), inclusive o curso de Pedagogia. Portanto, o pedagogo deve estar apto para o exercício do magistério tanto exercendo a docência quanto em outras instâncias educativas.

Na trajetória de luta pela construção de uma base comum para a formação de educadores da educação básica, a ANFOPE deparou com várias situações que exigiam sua especial atenção. Entre estas, a criação de novos cursos (Curso Normal Superior) e instituições (ISE) específicos para formação de professores. Estas medidas faziam parte da estratégia do governo com objetivo de cumprir as exigências dos organismos internacionais.

Atenta a novas mudanças, a ANFOPE alerta que, ao regulamentar a criação dos Institutos Superiores de Educação (ISE), pelo Parecer n.º 115/99, da Câmara do Ensino Superior do CNE, fica clara a concepção da formação de um profissional prático para atuar na educação básica, visto que fica estabelecido que ela se daria em uma instituição de ensino de caráter técnico, uma vez que se exigia pesquisa apenas nas universidades.

Diante do exposto com relação à atuação da ANFOPE na década de 90, referente ao aprofundamento da discussão com relação à Base Comum Nacional (BCN), contemplando questões como formação básica, condições de trabalho e formação continuada, sempre reafirmando sobre a necessidade de construir uma política de formação global ao profissional da educação, e considerando que essa discussão teve como precedente a reformulação do curso de Pedagogia, é concebível afirmar que a discussão surgida no cerne do curso de Pedagogia abriu espaço para aprofundar o assunto concernente à formação de todos os profissionais da educação básica, em especial à do pedagogo.

Na década de 2000, a ANFOPE continua na luta em prol da educação, reafirmando e se consolidando em nível nacional como construtora coletiva de um referencial para as propostas de formação dos profissionais da educação. Sendo assim, realiza o 15º encontro, com objetivo de analisar criticamente as propostas de formação de profissionais da educação, unindo esforços na consolidação dos princípios norteadores das organizações curriculares, construídos pelo movimento na década anterior, em oposição às Diretrizes Curriculares para o curso de formação inicial de professores, em discussão no Conselho Nacional de Educação (CNE).

Tal posição tem sido decisiva para o processo de discussão e resistência às propostas de elaboração das Diretrizes Curriculares, para os cursos de formação inicial e continuada dos profissionais da educação básica. Assim, no início da década, promove o Décimo Encontro, dando continuidade às preocupações da década anterior, com a temática "Embate entre os Projetos de Formação: a Base Comum Nacional e Diretrizes Curriculares" (ANFOPE, 2000, p. 10).

A importância da vigilância se torna necessária, visto as formulações de políticas educacionais neoliberais, elaboradas pelo governo, conformando a reforma universitária com relação à formação dos profissionais da educação. Entre as reformas, destacam-se a regulamentação do Curso Normal em nível médio, a dos Institutos Superiores de Educação (ISEs) e o Decreto 346/2000, dando autonomia ao Centro Federal de Educação Tecnológica (Cefet) de implantar cursos de formação de professores para o ensino médio e educação profissional. Dessa forma, entre estas medidas, vão criando outras diferentes propostas.

A criação de institutos e novos cursos, como estratégias do governo para formação dos educadores do ensino básico, foram temas discutidos e questionados pela ANFOPE, em entendimento de que as estratégias manterão a fragmentação na formação que prioriza conteúdos específicos (ANFOPE, 2000, p. 23). Portanto, considera essas estratégias como parte das políticas oficiais para área da educação, com a finalidade de aligeirar a formação de profissionais para educação básica. Sendo assim, a ANFOPE continua a defender uma política global de formação inicial, articulando-a com a formação continuada, capaz de promover uma formação plena destes. Todavia, o modelo de formação estrategicamente elaborado pelas políticas oficiais fez por ignorar essa formação plena de preferência em um ambiente universitário. Porém, segundo Scheibe (2007, p. 287):

> [...] sob forte pressão de alguns setores da comunidade acadêmica e mesmo de alguns membros do Conselho Nacional de Educação, este divulgou, no dia 17 de março de 2005, para apreciação da sociedade civil, uma minuta de resolução de diretrizes curriculares nacionais para os cursos de graduação em pedagogia.

Em março/abril de 2010, foi realizada a Conferência Nacional da Educação (CONAE). Esta teve iniciativa do Ministério da Educação e Cultura (MEC) e contou com a participação de três mil delegados, representando diferentes setores e segmentos sociais, inclusive da ANFOPE. A realização da CONAE teve como tema: "Construindo o Sistema Educacional Articulado de Educação; o Plano Nacional de Educação (PNE) e Diretrizes Estratégias de Ação".

A ANFOPE, dando continuidade ao trabalho de enfrentamento de desafios, participa da CONAE, com a finalidade de colaborar na elaboração do Plano Nacional de Educação. Este, segundo Brzezinski, tinha como objetivo "dentre outras políticas educacionais, a criação de um Sistema de Formação e de Valorização dos Profissionais do Magistério articulado ao Sistema Nacional de Educação" (BRZE-ZINSKI, 2010, p. 9).

Em 2012, a ANFOPE realiza seu 16º Encontro, apresentando o tema: "Políticas de Formação e Valorização dos Profissionais da Educação: PNE, Sistema Nacional na CONAE/2014, Fóruns Permanentes de Apoio à formação docente". O propósito do evento foi dar continuidade ao movimento de educadores em prol de uma política global de formação e desenvolvimento profissional. Dentre os vários objetivos elencados para o encontro, configurava os de análise das Diretrizes Nacionais para o curso de Pedagogia, Resolução CNE/CP n.º 01/2006, que propõe "encaminhamento acerca da regulamentação da profissão do pedagogo e da criação dos Conselhos Federal e Estaduais de Pedagogia".

Com relação à criação do Conselho Federal de Pedagogia, proposto pelo Projeto de Lei n.º 2.508/2007, a ANFOPE se posicionou contrária, justificando os motivos da tomada de posição; entre os vários se destaca o descrito a seguir:

> O argumento de que é necessária a criação de um conselho para regulamentar a atuação do pedagogo em espaços não escolares não se sustenta, uma vez que as Diretrizes Curriculares Nacionais do curso de Pedagogia (Resolução do Conselho Nacional de Educação/Conselho Pleno n° 01, de 15 de maio de

TRAÇANDO O PERFIL PROFISSIONAL DO PEDAGOGO POR MEIO DOS DOCUMENTOS
DA ANFOPE: ENRIQUECENDO O CAMPO DA PEDAGOGIA

> 2006) já contemplam, de forma clara, as áreas de atuação do pedagogo em espaços escolares e não escolares, tendo a docência como base para esta formação. (ANFOPE, 2012, p. 33).

Pelo descrito no argumento, nota-se que a ANFOPE, ao tomar a posição contrária à formação do conselho, leva em consideração o fato de o Projeto de Lei n.º 2.508/2007 não contemplar a regulamentação do trabalho pedagógico do pedagogo como profissional da educação, e por não reconhecer a docência como base de identidade do pedagogo. Em contrapartida, afirma que as Diretrizes Curriculares Nacionais do curso de Pedagogia conferem respaldo para que o pedagogo possa atuar tanto no espaço escolar como em outros espaços relacionado à educação.

A ANFOPE, desde sua formação, adotou uma postura de defesa em prol da tese de docência como base para formação do pedagogo. Sendo assim acirrou uma batalha para defender seus ideais com relação à reformulação do curso de Pedagogia. O foco das discussões com referência aos cursos de formação dos profissionais de educação dava-se em torno da Base Comum Nacional (BCN), inclusive para o curso de Pedagogia, tendo como fio condutor a formação do pedagogo para a docência. Todavia, considerando as Diretrizes Curriculares Nacionais do curso, (Resolução do Conselho Nacional de Educação/ Conselho Pleno n° 01, de 15 de maio de 2006) a formação do pedagogo, segundo a ANFOPE, habilita-o com perfil para atuar em outras instâncias, ou seja, o licenciado em pedagogia está preparado para atuar tanto na docência como na gestão e pesquisa. Como se percebe, é um profissional com perfil de pedagogo competente, flexível e polivalente. Portanto, com esse perfil, o pedagogo está apto para atuar na área da educação no âmbito escolar como professor no ensino básico desde a educação infantil ao ensino médio, como também na modalidade Normal e na área de apoio. Pode atuar também no âmbito não escolar como gestor de processos educativos, na organização e no funcionamento de sistemas e de instituição de ensino.

À GUISA DE ALGUMAS CONSIDERAÇÕES

A ciência moderna produz conhecimentos e desconhecimentos. Se faz do cientista um ignorante especializado faz do cidadão comum um ignorante generalizado.

(SANTOS, 1987, p. 55).

Neste estudo dedicamo-nos à análise dos documentos da ANFOPE. Nosso objetivo mais imediato foi o de analisar atuação da Associação Nacional pela Formação dos Profissionais da Educação (ANFOPE), buscando explicitar qual o posicionamento desta entidade em relação ao perfil profissional do pedagogo. Neste sentido, buscamos compreender, a partir da análise de documentos produzidos pela ANFOPE, quais as contribuições da Associação para a formulação do perfil delineado para o pedagogo. O entendimento desejado exigiu a análise dos interesses e das forças em disputa, bem como a identificação dos intelectuais que os representavam.

Ao defender que o profissional pedagogo tenha uma formação específica, a ANFOPE coaduna com outras entidades que comungam com essa concepção, suas preocupações quanto às restrições acerca da formação docente. Por isto, o Movimento Nacional pela formação dos profissionais da educação tem intensificado o debate, que é fundamental para a promoção de encaminhamentos de questões relacionadas às políticas e diretrizes de formação de educadores. Além disso, a ANFOPE defende que a academia tem um papel preponderante na formação do pedagogo, pois possibilita o aprofundamento das pesquisas e estudos, que contribuem para difundir a formação do pedagogo e assim promover a sua valorização profissional.

A ANFOPE, na luta pelo projeto sócio histórico, construído a partir das demandas sociais, se destaca nos enfrentamentos da política de formação de educadores, tornando-se representativa por acompanhar e participar dos debates, mas, sobretudo, por contribuir com ideias e propostas para as mudanças nos currículos dos cursos de Pedagogia em todo o Brasil. Nos seus documentos, elaborados a partir das deliberações dos Encontros Nacionais, tem defendido princípios norteadores da formação, posicionando-se a favor de um conteúdo de formulação de base comum nacional como um instrumento de luta e resistência contra a degradação do magistério, permitindo a organização e reivindicação de políticas de profissionalização que garantam a igualdade de condições de formação em níveis superiores.

Contudo, faz-se necessário enfatizar que, dos debates desencadeados durante os encontros promovidos pela ANFOPE, surgiram divergências, principalmente em relação à docência como base de formação. Assim, foram dividindo opiniões sobre a formação do pedagogo, em que a ANFOPE defende que o curso de Pedagogia tenha como base principal a docência; portanto, tem-se o entendimento de que a docência é o centro de articulação dos diversos conhecimentos — aportes teóricos da Pedagogia, das Ciências da Educação, de outros conhecimentos especializados e daqueles produtos das práticas escolares e não escolares refletidas. Lugares onde ela se (re)produz internamente nas suas especificidades, construindo novas alternativas de práticas pedagógicas diante de problemáticas existentes.

Definir o perfil do professor pedagogo é um tanto complexo, tendo em vista as diferentes concepções que abarcam o curso de formação deste profissional, isso porque o curso de Pedagogia é permeado por contradições, embates ideológicos e interferências externas de organismos que intervêm nas políticas públicas brasileiras e dos diferentes atores que defendem a formação do pedagogo. Esta situação tem dificultado, de certa forma, a construção do perfil do pedagogo que atenda as demandas educacionais contemporâneas.

Embora haja todo um comprometimento da ANFOPE e de outras instituições envolvidas na construção do curso de Pedagogia e no perfil do pedagogo, este estudo nos possibilitou o entendimento de que somente por meio de uma formação sólida, crítica, reflexiva e abrangente se poderá fortalecer esse profissional da educação de maneira que ele exerça sua profissão dando sua contribuição no campo educacional e social.

TRAÇANDO O PERFIL PROFISSIONAL DO PEDAGOGO POR MEIO DOS DOCUMENTOS
DA ANFOPE: ENRIQUECENDO O CAMPO DA PEDAGOGIA

Desde o Primeiro Encontro Nacional, o Movimento passa a discutir o sentido histórico de formação de professores; apesar dos embates, ele segue avançando na construção do projeto de formação. O desafio para o Movimento é avançar na proposição que transcendam as agendas dos organismos internacionais, que geram obstáculos para a consolidação de uma formação docente que tenha relevância social, uma formação que assegure uma qualificação pedagógica, metodológica, científica e técnica dos professores, de maneira que possam se comprometer com as questões sociais e com a transformação da sociedade por meio do empoderamento profissional.

A formação de professores é uma questão emblemática, entretanto, temos que reconhecer que as concepções de formação de professores e, em específico, do pedagogo, defendidas pela ANFOPE, contribuíram e vêm contribuindo muito na construção do perfil do pedagogo, pela melhoria da qualidade educacional brasileira por meio dos cursos de Pedagogia e demais licenciaturas.

Dessa forma, entende-se que o foco do curso de Pedagogia deve ser os fundamentos e conhecimentos pedagógicos que pressupõem a tomada de decisão que, por consequência, exige uma formação crítica numa perspectiva curricular interdisciplinar. É importante compreender, ainda que no contexto anteriormente mencionado a intervenção pedagógica não se dá apenas no espaço escolar, se considerando que esta acontece em outras esferas da vida em sociedade. Portanto, destaca-se, nessa concepção, a atuação múltipla do pedagogo, visto que este profissional da educação é capaz de ocupar diferentes espaços na área educacional, desde sua atuação no ensino, enquanto docente, como colaborando na elaboração de projetos educacionais e na organização e gestão do sistema.

É importante ressaltar que, de acordo com o posicionamento da ANFOPE, o pedagogo deve ter uma formação voltada para a docência e as atividades educacionais, sendo que a formação de educadores vislumbra profissionais com competências para atuarem na administração, no planejamento, na supervisão e orientação educacional, conforme prevê o Art. 64 da Lei de Diretrizes e Bases (LDB), mas também aptos a atuarem em outras áreas demandadas; por isto a Associação defende a necessidade de uma formação abrangente para o pedagogo, ou seja, que contemple três dimensões: a profissional, a política e a epistemológica.

Destacamos que, no decorrer deste estudo, verificamos a existência de vários documentos produzidos durante os encontros nacionais realizados pela ANFOPE e apoiados pelos movimentos de educadores e estudantes, de praticamente todos os estados brasileiros; por isto, os documentos produzidos nestes encontros, ao longo dos anos, são de grande relevância na construção do perfil de formação do pedagogo, mesmo que reconhecidos como modestos, em se tratando do nível de alcance dos objetivos do curso de Pedagogia. Por outro lado, é importante esclarecer que os impasses gerados em torno da formação do pedagogo ainda existem e exigem estudos e pesquisas, com aprofundamento teórico para a reformulação dos cursos de Pedagogia, bem como de outros cursos que envolvem as questões da docência.

Nesse sentido, os documentos elaborados pela ANFOPE têm contribuído na busca de soluções plausíveis que deem sustentação aos cursos de Pedagogia, visto que a Associação, a partir de documentos enviados ao Conselho Nacional de Educação (CNE), reafirma a importância do debate. Sendo assim, a ANFOPE propõe a organização de seminários nacionais para a discussão do tema, sendo a proposta das Diretrizes Curriculares Nacionais (DCNs) considerada resultado das discussões obtidas junto ao Movimento dos Profissionais da Educação e Estudantes da área de Pedagogia, ao longo dos anos.

De acordo com a análise dos documentos elaborados nos encontros nacionais, verifica-se que, na visão da ANFOPE, a formação do pedagogo pressupõe uma formação consistente, em que os conhecimentos pedagógicos devem ser considerados prioritários, pois a base da identidade do docente é a prática pedagógica. Contudo, o pedagogo necessita de saberes além dos exigidos para a prática da docência e, por isto, deverá aprofundar os conhecimentos ligados aos problemas educativos, sejam eles escolares ou em qualquer outro espaço educativo, cabendo aos cursos de Pedagogia zelar pela unidade das contribuições das demais ciências da educação, possibilitando uma ação integradora do processo educativo.

Assim, mediante conhecimentos científicos, filosóficos e técnicos profissionais, os cursos de Pedagogia deverão buscar a explicitação de objetivos e formas de intervenção metodológica e organizativa em instâncias da atividade educativa implicadas no processo de transmissão e apropriação ativas de saberes e modos de ação. Portanto, conforme pontuado pela ANFOPE, consideramos ser o pedagogo um profissional que atua, de forma direta ou indireta, em várias instâncias da prática educativa ligadas à organização e aos processos de transmissão e assimilação de saberes e modos de ação, tendo em vista os objetivos de formação humana definidos em sua contextualização histórica.

Partindo destes pressupostos, a ANFOPE argumenta que a concepção da docência como base da formação dos profissionais da educação não se reduz ao curso de Pedagogia, portanto, não separa a formação do professor da formação dos especialistas. A proposta elaborada pela Associação indica que a organização curricular do curso de Pedagogia, na perspectiva de se garantir os princípios e fundamentos, deveria contemplar os componentes curriculares, articulados nos núcleos de formação e de atividades, ou seja, núcleo de conteúdos básicos e núcleo de conteúdos relativos à atuação do pedagogo e atividades práticas, sendo a carga horária do curso de Pedagogia de, no mínimo, 3,2 mil horas para integralização dos estudos (RESOLUÇÃO CNE/CP n.º 1, 2006).

Dessa forma, conclui-se que o pedagogo deva ser um profissional qualificado para atuar na área educacional, capaz de exercer a sua profissão em qualquer área que esteja relacionada ao processo educativo, podendo desempenhar as suas funções inclusive em outras áreas, a exemplo: em empresas, hospitais e assessorias, além das instituições educativas, dentre outras. Nesse caso, o fundamental é que esse profissional esteja preparado e qualificado para ser um bom profissional e lidar com a prática educativa em suas várias modalidades e manifestações. A incorporação desta posição nas Diretrizes Curriculares Nacionais (DCNs) para o curso de Pedagogia é a expressão da força da ANFOPE junto ao CNE, de modo que as diretrizes curriculares ampliaram o conceito de docência, atribuindo ao curso de Pedagogia a tarefa de formação do professor, do gestor e do pesquisador.

Certamente, as análises desenvolvidas na presente obra não são suficientes para explicar todas as contradições do movimento da ANFOPE para delinear o perfil profissional do pedagogo. Entretanto, entendemos que a realização desta pesquisa atingiu seus objetivos, haja vista que ao nos propormos a analisar a atuação da ANFOPE na formulação de políticas públicas delineadas para o curso de Pedagogia, por meio da análise de documentos produzidos em encontros nacionais, buscávamos uma melhor compreensão do perfil de pedagogo construído pela entidade no contexto da reforma educacional o que possibilitou o entendimento sobre sua valiosa contribuição no delineamento do perfil profissional do pedagogo.

REFERÊNCIAS

AGUIAR, M. A. S. *et al.* Diretrizes curriculares do curso de pedagogia no Brasil: disputas de projetos no campo da formação do profissional da educação. **Educação & Sociedade**, Campinas, Unicamp, v. 27, n. 96, 2006.

ANDRÉ, M. E. D. A.; ABDALLA, M. F. B.; JUNCKES, R. S. Representações sociais de futuros professores sobre profissionalidade docente. *In:* ROCHA, S. A. *et al.* (org.). **Formação de professores e práticas em discussão**. Cuiabá: EdUFMT, 2008.

ANFOPE – Associação Nacional pela Formação dos Profissionais da Educação. ANPED – Associação Nacional de Pós-Graduação e Pesquisa em Educação. Cedes – Centro de Estudos Educação e Sociedade. **A DEFINIÇÃO DAS DIRETRIZES PARA O CURSO DE PEDAGOGIA.** (Documento enviado ao Conselho Nacional de Educação visando a elaboração das Diretrizes Curriculares Nacionais para os Cursos de Pedagogia, em 10 set. 2004).

ANFOPE – Associação Nacional pela Formação dos Profissionais da Educação. **Carta de Brasília – VII Seminário Nacional da ANFOPE**. Brasília, junho de 2005b. Disponível em: http://lite.fae.unicamp.br/anfope/. Acesso em: 21 dez. 2015.

ANFOPE – Associação Nacional pela Formação dos Profissionais da Educação. **Documento Final do VI, VII, VII, VII, IX, X, XI, XII, XII, XIV, XV e XVI Encontro Nacional.** Disponível em: http://www.anfope.com. br. Acesso em: 16 nov. 2015.

ANFOPE – Associação Nacional pela Formação dos Profissionais da Educação. **Documentos finais Encontros Nacionais da Associação Nacional pela Formação dos Profissionais da Educação**, 1992, 1994, 1996 e 1998.

ANFOPE – Associação Nacional pela Formação dos Profissionais da Educação. O profissional do ensino: debates sobre a sua formação. **Cadernos CEDES**, Campinas, n. 17, 1986.

ANFOPE – Associação Nacional pela Formação dos Profissionais da Educação. **Por uma política global de formação dos profissionais da educação**. Disponível em: http://www.lite.fe.unicamp.br/grupos/formac/docanfope/politica.html. Acesso em: 23 jul. 2015.

ANFOPE – **Estatuto**. Boletim ANFOPE. Campinas, v. 1, n. 3, nov. 1991.

BALL, S. J. Cidadania global, consumo e política educacional. *In:* SILVA, L. H. (org.). **A escola cidadã no contexto da globalização**. Petrópolis: Vozes, 1998. p. 121- 137.

BALL, S. J. Diretrizes Políticas Globais e Relações Políticas Locais em Educação. **Currículo sem Fronteiras**, v. 1, n. 2, p. 99-116, Jul./Dez. 2001.

BALL, S. J. **Education reform**: a critical and post structural approach. Buckingham, UK: Open University Press, 1994.

BALL, S. J. Profissionalismo, gerencialismo e performatividade. **Cadernos de pesquisa**, São Paulo, v. 35, n. 26, set./dez. 2005. Disponível em: http://www.scielo.br/scielo.php?pid=S0100-15742005000300002-&script-sci_arttext. Acesso em: 20 set. 2015.

BALL, S. J. Reformar escolas/reformar professores e os terrores da performatividade. **Revista Portuguesa de Educação**, Centro de Investigação em Educação do Instituto de Educação da Universidade do Minho, Portugal, v. 15, n. 2, p. 3-23, 2002.

BALL, S. J.; MAINARDES, J. (org.). **Políticas educacionais**: questões e dilemas. São Paulo: Cortez, 2011.

BARRETO, R. G.; LEHER, R. Trabalho docente e as reformas neoliberais. *In:* OLIVEIRA, D. A. (org.). **Reformas educacionais na América Latina e os trabalhadores docentes**. Belo Horizonte: Autêntica, 2003. p. 39-60.

BELLONI, I. Função da Universidade: notas para reflexão. *In:* BRANDÃO, Z. *et al.* **Universidade e Educação**. Campinas: Papirus; Cedes; São Paulo: Ande; Anped, 1992.

BERALDO, T. M. L.; OLIVEIRA, O.V. Comunidades epistêmicas e desafios da representação nas políticas curriculares do Curso de Pedagogia. **Revista**

Teias, Rio de Janeiro, v. 11, n. 22, p. 113-132, maio/ago. 2010. Disponível em: http://www.periodicos.proped.pro.br/index.php/revistateias/article/view/609/585. Acesso em: 20 set. 2015.

BOURDIEU, P. **Poder simbólico**. Lisboa, PT: Ediel, 1989.

BOWE, R.; BALL, S.; GOLD, A. **Reforming education & changing schools**: case studies in policy sociology. London, UK: Routledge, 1992.

BRASIL. Ministério da Educação. Conselho Nacional de Educação. Câmara de Educação Básica. **Parecer CEB n.º** 01, de 29 de janeiro de 1999. Diretrizes Curriculares Nacionais para a formação de Professores na Modalidade Normal em Nível Médio. Brasília: DOU, 13.04.1999.

BRASIL. Ministério da Educação. Conselho Nacional de Educação. Câmara de Educação Superior. **Parecer CES n.º** 970, de 9 de novembro de 1999. Dispõe sobre o Curso Normal Superior e da Habilitação para Magistério em Educação Infantil e Séries Iniciais do Ensino Fundamental nos cursos de Pedagogia. Brasília: MEC/CNE/CES, 09.11.1999.

BRASIL. Ministério da Educação. Conselho Nacional de Educação. Comissão de Ensino Superior. **Parecer CNE/CES n.º** 133, de 30 de janeiro de 2001a. Esclarecimentos quanto à formação de professores para atuar na Educação Infantil e nos Anos iniciais do Ensino Fundamental. Brasília: DOU, 06.03.2001.

BRASIL. Ministério da Educação. Conselho Nacional de Educação. Conselho Pleno. **Parecer CNE/CP n.º** 009, de 8 de maio de 2001b. Diretrizes Curriculares Nacionais para a Formação de Professores da Educação Básica, em nível superior, curso de licenciatura, de graduação plena. Brasília: DOU, 18.01.2002.

BRASIL. Ministério da Educação. Conselho Nacional de Educação. Conselho Pleno. **Parecer CNE/CP n.º** 3, de 21 de fevereiro de 2006. Reexame do Parecer CNE/CP n.º 5/2005, que trata das Diretrizes Curriculares Nacionais para o Curso de Pedagogia. Brasília: DOU, 11.04.2006.

BRASIL. Ministério da Educação. Conselho Nacional de Educação. Conselho Pleno. **Parecer CNE/CP n.º** 28, de 2 de outubro de 2001c. Dá nova redação ao Parecer CNE/CP 21/2001, que estabelece a duração e a carga horária dos cursos de Formação de Professores da Educação Básica, em nível superior, curso de licenciatura, de graduação plena. Brasília: DOU, 18.01.2002.

BRASIL. Ministério da Educação. Conselho Nacional de Educação. Conselho Pleno. **Resolução CNE/CP 1/99**, de 30 de setembro de 1999. Dispõe sobre os Institutos Superiores de Educação, considerados os Art. 62 e 63 da Lei 9.394/96 e o Art. 9º, § 2º, alíneas "c" e "h", da Lei 4.024/61, com a redação dada pela Lei 9.131/95. Brasília: DOU, 07.10.1999.

BRASIL. Ministério da Educação. Conselho Nacional de Educação. Conselho Pleno. **Resolução CNE/CP n.º 1/2006**, de 15 de maio de 2006. Institui Diretrizes Curriculares Nacionais para o Curso de Graduação em Pedagogia, licenciatura. Brasília: DOU, 16.05.2006.

BRASIL. Presidência da República. Casa Civil. Subchefia para Assuntos Jurídicos. **Constituição da República Federativa do Brasil de 1988**. Brasília: Assembleia Nacional Constituinte, 5 de outubro de 1988.

BRASIL. Presidência da República. Casa Civil. Subchefia para Assuntos Jurídicos. **Decreto-Lei n.º** 1.190, de 4 de abril de 1939. Dá organização à Faculdade Nacional de Filosofia. Rio de Janeiro: CLBR, 1939.

BRASIL. Presidência da República. Casa Civil. Subchefia para Assuntos Jurídicos. **Lei n.º 9.394**, de 20 de dezembro de 1996. Estabelece as diretrizes e bases da educação nacional. Brasília: DOU, 23.12.1996.

BRASIL. Lei n. 12.014, de dezembro de 2009. Altera o artigo 61 da **Lei n.º** 9.394/96, com a finalidade de discriminar as categorias de trabalhadores que se devem considerar profissionais da educação. Lei de Diretrizes e Bases da Educação Nacional. Disponível em: http://www.leidireto.com. br/lei-12014.html. Acesso em: 12 mar. 2015

BRZEZINSKI, I. **Pedagogia, pedagogos e formação de professores**: busca e movimento. Campinas: Papirus, 1996. (Coleção Magistério: Formação e trabalho pedagógico).

BRZEZINSKI, I. ANFOPE em movimento: 2008-2010. Brasília: Liber Livro/Anfope/Capes, 2011.

BRZEZINSKI, I. **Pedagogia, pedagogos e formação de professores**: busca e movimento. 8. ed. Campinas: Papirus, 2009.

BRZEZINSKI, I. Políticas de formação inicial e continuada de professores. *In:* LEITE, Y. U. F.; MARIN, A. J.; PIMENTA, S. G.; GOMES, M. O.; REALI, A. M. M. R. (org.). **Políticas de formação Inicial e Continuada de Professores**. Livro 3. 1. ed. Araraquara: Junqueira & Marin Editores, 2012. p. 1474-1486. (V. 1). Disponível em: http://www.infoteca.inf.br/endipe/smarty/templates/arquivos_template/upload_arquivos/acervo/docs/1790b.pdf. Acesso em: 20 set. 2015.

CAMBI, F. **História da Pedagogia**. São Paulo: Editora Unesp, 1999.

CARNEIRO, I. M. S. P.; MACIEL, M. J. C. **Pedagogia e Pedagogos em diferentes espaços**: interdisciplinaridade pedagógica. São Paulo: [*s.n.*], 2006.

CARNEIRO, I. M. S. P.; MACIEL, M. J. C. Pedagogia e pedagogos em diferentes espaços: interdisciplinaridade e competências pedagógicas. *In:* ENCONTRO NACIONAL DE DIDÁTICA E PRÁTICA DE ENSINO - ENDIPE, 13., 2006, Pernambuco, Recife. **Anais** [...] Recife: Universidade Federal de Pernambuco, 2006. p. 210-231.

CEEP. Comissão de Especialistas de Ensino de Pedagogia. **Proposta de diretrizes curriculares para o Curso de Pedagogia**. Brasília, 1999. Disponível em: http://lite.fae.unicamp.br/anfope/menu2/links/arquivos/diretrizes99.doc. Acesso em: 16 jan. 2015.

CELLARD, A. A análise documental. *In:* POUPART, J. *et al.* (org.). **A Pesquisa Qualitativa**: enfoques epistemológicos e metodológicos. Petrópolis: Vozes, 2008. p. 295-316.

CERTEAU, M. **A invenção do cotidiano 1**. Artes de fazer. Petrópolis, RJ: Vozes, 2011.

COSTA, M. V. **Pesquisa-ação, pesquisa participativa e política cultural da identidade**. Rio de Janeiro: Lamparina, 2006.

CUNHA, M. I. A. Universidade: desafios políticos e epistemológicos. *In:* CUNHA, M. I. A. (org.). **Pedagogia Universitária**: energias emancipatórias em tempos neoliberais. Araraquara, SP: Junqueira e Marin Editores, 2006. p. 13-30.

DIAS, R. E. **Ciclo de políticas curriculares na formação de professores no Brasil (1996-2006).** 248 p. Tese (Doutorado em Educação) – Faculdade de Educação, Universidade Estadual do Rio de Janeiro, Rio de Janeiro, 2009.

DINIZ-PEREIRA, J. E. A pesquisa dos educadores como estratégia para construção de modelos críticos de formação docente. *In:* DINIZ-PEREIRA, J. E.; ZEICHNER, K. M. (org.). **Pesquisa na formação e no trabalho docente.** Belo Horizonte: Autêntica, 2008.

DINIZ-PEREIRA, J. E.; ZEICHNER, K. M. (org.). **A pesquisa na formação e no trabalho docente.** Belo Horizonte: Autêntica, 2002.

FOUCAULT, M. **A ordem do discurso** - Aula inaugural no Collége de France, pronunciada em 2 de dezembro de 1970. 21. ed. Tradução de Laura Fraga de Almeida Sampaio. São Paulo: Loyola, 2011. 79 p.

FRANCO, M. A. S. Saberes pedagógicos e prática docente. *In:* XIII ENDIPE: Educação Formal e não formal, processos formativos e saberes pedagógicos, **Anais** [...]. Recife: Bagaço, 2006. p. 27-50. (V. 1).

FRANCO, M. A. S.; LIBÂNEO, J. C.; PIMENTA, S. G. Elementos para a Formulação de Diretrizes Curriculares para Cursos de Pedagogia. **Cadernos de Pesquisa**, São Paulo, v. 37, n. 130, p. 63-97, jan./abr. 2007.

FREIRE, P. **Pedagogia da autonomia**: saberes necessários à prática educativa. São Paulo: Paz e Terra, 1996.

FREITAS, H. C. L. de. A reforma do Ensino Superior no campo da formação dos profissionais da educação básica: as políticas educacionais e o movimento dos educadores. **Educação & Sociedade**, Campinas, v. 20, n. 68, p. 17-43, dez. 1999. Disponível em: http://www.scielo.br/scielo.php?script=sci_issuetoc&pid=0101-733019990003. Acesso em: 11 abr. 2016.

FREITAS, H. C. L. de. Formação de professores no Brasil: 10 anos de embate entre projetos de formação. **Educação & Sociedade**, Campinas, v. 23, n. 80, p. 136-167, set. 2002, Disponível em: http://www.scielo.br/pdf/es/v23n80/12928.pdf. Acesso em: 11 abr. 2016.

TRAÇANDO O PERFIL PROFISSIONAL DO PEDAGOGO POR MEIO DOS DOCUMENTOS
DA ANFOPE: ENRIQUECENDO O CAMPO DA PEDAGOGIA

FREITAS, L. C. Neotecnicismo e formação do educador. *In:* ALVES, N. (org.). **Formação de professores**: pensar e fazer. São Paulo: Cortez, 1992.

FREITAS, L. C. Notas sobre a especificidade do pedagogo e sua responsabilidade no estudo da teoria e da prática pedagógica. **Educação & Sociedade**, Campinas, Unicamp, v. 7, n. 22, p. 12-19, 1985.

GARCÍA, C. M. **Formação de professores**: para uma mudança educativa. Porto, Portugal: Porto Editora, 1999.

GARCIA, J. E.; PORLÄN, R. **Ensino de Ciências e prática docente**: uma teoria do conhecimento profissional Caderno pedagógico, Univates n. 3, jul. 2000, p. 7-42.

GHIRALDELLI JÚNIOR, P. **O que é pedagogia?** 3. ed. São Paulo: Brasiliense, 1996.

GIL, A. C. **Formação docente e profissional**: formar-se para a mudança e a incerteza. São Paulo: Cortez, 2000.

GIL, A. C. **Formação docente e profissional**: formar-se para a mudança e a incerteza. 8. ed. São Paulo: Cortez, 2010.

GIL, A. C. **Métodos e técnicas de pesquisa social**. 3. ed. São Paulo: Atlas, 1991. 207p.

IMBERNÓN, Francisco. **Formação continuada de professores**. Porto Alegre: Artmed, 2010.

LIBÂNEO, J. C. Diretrizes Curriculares da Pedagogia: imprecisões teóricas e concepção estreita da formação profissional de educadores. **Educação & Sociedade**, Campinas, Unicamp, v. 27, n. 96 – Especial, p. 843-876, out. 2006.

LIBÂNEO, J. C. Elementos para a formulação de diretrizes curriculares para cursos de pedagogia. **Cadernos de Pesquisa**, São Paulo, v. 37, n. 130, p. 63-97, jan./abr. 2007.

LIBÂNEO, J. C. **Pedagogia e pedagogos**: inquietações e buscas. Curitiba: Educar, Editora da UFPR, 2006.

LIBÂNEO, J. C. **Pedagogia e pedagogos, para quê?** 4. ed. São Paulo: Cortez, 2001.

LIBÂNEO, J. C. Que destino os educadores darão à Pedagogia? *In:* PIMENTA, S. G. (coord.). **Pedagogia, ciência da educação?** São Paulo: Cortez, 1996.

LIBÂNEO, J. C.; PARREIRA, L. Pedagogia, como ciência da educação. **Cadernos de Pesquisa**, São Paulo, v. 37, n. 131, mar./ago. 2007.

LOPES, A. C. Políticas curriculares: continuidade ou mudança de rumos? **Revista Brasileira de Educação**, Rio de Janeiro, n. 26, p. 109-118, maio/jun./jul./ago. 2004.

LOPES, A. C.; MACEDO, E. Contribuições de Stephen Ball para o estudo de políticas de currículo. *In:* BALL, S. J.; MAINARDES, J. **Políticas educacionais**: questões e dilemas. São Paulo: Cortez, 2011. p. 249-283.

LUCKESI, C. C. **Filosofia da Educação**. São Paulo: Cortez, 2003.

MAINARDES, J. Abordagem do ciclo de políticas: uma contribuição para a análise de políticas educacionais. **Educação & Sociedade**, Campinas, Unicamp, v. 27, n. 94, p. 47-69, jan./abr. 2006. Disponível em: http://www.scielo.br/pdf/es/v27n94/a03v27n94.pdf. Acesso em: 5 maio 2014.

MAINARDES, J.; GANDIN, L. A. A abordagem do ciclo de políticas como epistemologia: usos no Brasil e contribuições para a pesquisa sobre políticas educacionais. *In:* TELLO, C.; ALMEIDA, M. L. P. de. (org.). **Estudos epistemológicos no campo da pesquisa em política educacional**. Campinas: Mercado de Letras, 2013. p. 143-167.

MAINARDES, J.; MARCONDES, M. I. Entrevista com Stephen J. Ball: um diálogo sobre Justiça Social, pesquisa e política educacional. **Educação & Sociedade**, Campinas, Unicamp, v. 30, n. 106, p. 303-318, jan./abr. 2009.

MANRIQUE, A. L. Professores Formadores: trajetórias, saberes e desafios em um curso de licenciatura em matemática. *In:* ROCHA, S. A. (org.). **Formação de professores e práticas em discussão**. Cuiabá: EdUFMT, 2008.

MARCONI, M. A.; LAKATOS, E. M. **Metodologia do trabalho científico**. 4. ed. São Paulo: Editora Atlas, 1992. p. 44.

TRAÇANDO O PERFIL PROFISSIONAL DO PEDAGOGO POR MEIO DOS DOCUMENTOS
DA ANFOPE: ENRIQUECENDO O CAMPO DA PEDAGOGIA

MARCONI, M. A.; LAKATOS, E. M. **Técnicas de pesquisa**. 5. ed. São Paulo: Atlas, 2002.

MASSIAS, S. C. **As propostas da Associação Nacional pela Formação dos Profissionais da Educação (ANFOPE) para a Definição do Curso de Pedagogia no Brasil (1990-2006)**. 155 f. Dissertação (Mestrado em Educação) – Pontifícia Universidade Católica, São Paulo: PUC/SP, 2007.

MAZZOTTI, T. Estatuto de cientificidade da Pedagogia. *In:* PIMENTA, S. G. (org.). **Pedagogia, ciência da educação?** São Paulo: Cortez, 1996.

MÉSZÁROS, I. **Educação**: para além do Capital. 2. ed. São Paulo: Boitempo, 2008.

MOURA, J. O. de. **Políticas de Currículo Organizado em Ciclos**: implicações entre conhecimento escolar e relações de poder na Escola Sarã (Cuiabá-MT). 119 f. Dissertação (Mestrado em Educação) – Universidade Federal de Mato Grosso, Cuiabá: UFMT, 2014.

NÓVOA, A. As ciências da Educação e os processos de mudança. *In:* PIMENTA, S. G. (org.). **Pedagogia, ciência da Educação?** São Paulo: Cortez, 1996.

NÓVOA, A. Formação de professores e profissão docente. *In:* NÓVOA, A. (coord.). **Os professores e a sua formação**. Lisboa, Portugal: Dom Quixote, 1992.

OLIVEIRA, M. M. **Como fazer pesquisa qualitativa**. Petrópolis: Vozes, 2007.

OLIVEIRA, O. V. de. Problematizando o significado de Reforma nos Textos de uma Política de Currículo. **Currículo sem Fronteiras**, [on-line], v. 9, n. 2, p. 68-78, jul./dez. 2009. Disponível em: http://www.curriculosemfronteiras.org/vol9iss2articles/oliveira.pdf. Acesso em: 9 jan. 2016.

PASSOS, L. F.; COSTA, V. G. da. Contexto institucional e identidade profissional de professores formadores dos cursos de licenciatura. *In:* ROCHA, S. A. da. (org.). **Formação de professores e práticas em discussão**. Cuiabá: EdUFMT, 2008.

PETERNELLA, A.; GALUCH, M. T. B. A Formação do Pedagogo sob a Orientação de Documentos Elaborados no Início do Século XXI: da necessidade de continuar o debate. *In:* IX ANPED SUL, GT Formação de Professores, Caxias do Sul - RS. **Anais** [...], 2012. Disponível em: http://www.portalanpedsul.com.br/admin/uploads/2012/Formac7091-1-PB.pdf. Acesso em: 9 jan. 2016.

PIMENTA, S. G. *et al.* **Pedagogia, ciência da educação?** São Paulo: Cortez, 1996.

SHIROMA, E. O.; MORAES, M. C. M.; EVANGELISTA, O. **Política Educacional.** Rio de Janeiro: DP&A, 2002.

SACRISTÁN, J. G. **O currículo:** uma reflexão sobre a prática. 3. ed. Porto Alegre: Artmed, 2000.

SANTOS, B. S. **Um discurso sobre as ciências.** Porto, Portugal: Afrontamento, 1987.

SAVIANI, D. A formação do Educador. Uma estratégia para a reformulação dos cursos de pedagogia e licenciatura: formar o especialista e o professor no educador. **ANDE – Associação Nacional de Educação**, São Paulo, 1-6, 1980.

SAVIANI, D. **As Concepções Pedagógicas na história da Educação Brasileira.** Texto elaborado no âmbito do projeto de pesquisa "O espaço acadêmico da pedagogia no Brasil". Campinas, 2005. Disponível em:

http://www.histedbr.fe.unicamp.br/navegando/artigos_pdf/Dermeval_Saviani_artigo.pdf. Acesso em: 16 nov. 2015.

SAVIANI, D. Contribuição a uma definição do curso de pedagogia. **Didata:** a revista do educador (O que é Pedagogia?), Arlette D'Antrola, São Paulo, n. 5, p. 13-22, 1976.

SAVIANI, D. Desafios atuais da pedagogia histórico-crítica. *In:* SILVA Jr., C. A. (org.). **Dermeval Saviani e a educação brasileira:** o Simpósio de Marília. São Paulo: Cortez, 2011. p. 243-267.

TRAÇANDO O PERFIL PROFISSIONAL DO PEDAGOGO POR MEIO DOS DOCUMENTOS
DA ANFOPE: ENRIQUECENDO O CAMPO DA PEDAGOGIA

SAVIANI, D. Diretrizes Curriculares para o curso de Pedagogia: trajetória longa e inconclusa. **Cadernos de Pesquisa**, São Paulo, v. 37, n. 130, jan./abr. 2007.

SAVIANI, D. Pedagogia: o espaço da educação na universidade. **Cadernos de Pesquisa**, São Paulo, v. 37, n. 130, jan./abr. 2007.

SAVIANI, D. **Pedagogia histórico-crítica**: primeiras aproximações. 11. ed. rev. Campinas: Autores Associados, 2011.

SCHEIBE, L. A contribuição da ANFOPE para a compreensão da formação do Pedagogo no Brasil. **24ª Reunião ANPED**, Sessão Especial, 2001.

SCHEIBE, L. Diretrizes curriculares para o curso de pedagogia: uma solução negociada. **Revista Brasileira de Política e Administração da Educação**, Anpae, v. 23, n. 2, p. 277-292, mai./ago., 2007.

SCHEIBE, L.; AGUIAR, M. Formação de profissionais da educação no Brasil: o curso de pedagogia em questão. **Revista Educação & Sociedade**, Campinas, Unicamp, v. 20, n. 68, p. 220-238, 1999.

SCHEIBE, L.; DURLI, Z. Curso de Pedagogia no Brasil: olhando o passado, compreendendo o presente. **Educação em Foco**, Belo Horizonte, v. 14, n. 17, p. 79-109, jul. 2011. Disponível em: http://www.uemg.br/openjournal/index.php/educacaoemfoco/article. Acesso em: 25 out. 2014.

SCHÖN, D. A. **Educando o Profissional Reflexivo**: um novo design para o ensino e aprendizagem. Tradução de Roberto Cataldo Costa. Porto Alegre: Artes Médicas Sul, 2000.

SEVERINO, A. J. A nova LDB e a política de formação de professores: um passo à frente e dois atrás. *In:* FERREIRA, N. S. C.; AGUIAR, M. A. S. (org.). **Gestão da educação: impasses, perspectivas e compromissos**. São Paulo: Cortez, 2000. p. 177-192

SILVA, C. S. B. **Curso de Pedagogia no Brasil**: história e identidade. 2. ed. Campinas: Autores Associados, 2003.

SILVA, C. S. B. **Curso de Pedagogia no Brasil**: história e Identidade. 3. ed. Campinas: Autores Associados, 2006.

SILVA, E. V. M. da. **A formação do pedagogo**: um estudo exploratório de três cursos de Pedagogia à luz das Diretrizes Curriculares Nacionais. Dissertação (Mestrado em Educação e Cultura) – Universidade do Estado de Santa Catarina, Florianópolis: Udesc, 2004.

SILVA, M. A. **Políticas para a educação** pública: a intervenção das instituições financeiras internacionais e o consentimento nacional. Tese (Doutorado em Educação) – Universidade Estadual de Campinas, Campinas: Unicamp, 1999.

TANURI, L. M. História da Formação de Professores. **Revista Brasileira de Educação**, São Paulo, n. 14, p. 61-86, maio/jun./jul./ago. 2000.

TARDIF, M. **Saberes Docentes e Formação Profissional**. 6. ed. Petrópolis: Vozes, 2002.

THIESEN, J. S. **O que há no "entre" teoria curricular, política de currículo e escola?** Juares da Silva Thiesen. Educação, Porto Alegre, v. 35, n.1, p. 129-136, jan./abr. 2012.

VEIGA, I. P. A. Docência: formação, identidade profissional e inovações didáticas. *In:* ENCONTRO DE DIDÁTICA E PRÁTICA DE ENSINO. **Anais** [...] Recife: ENDIPE, 2006.

VEIGA, I. P. A. Prefácio. *In:* BRZEZINSKI, I. **Pedagogia, pedagogos e formação de professores**: busca e movimento. 3. ed. Campinas: Papirus, 1996.

VIEIRA, S. R. Docência, Gestão e Conhecimento: conceitos articuladores do novo perfil do pedagogo instituído pela Resolução CNE/CP N.01/2006. **Revista HISTEDBR**, Campinas, [on-line], n. 44, p. 131-155, 2011. Disponível em: http://www.histedbr.fe.unicamp.br/revista/edicoes/44/art09_44.pdf. Acesso em: 11 abr. 2016.